노아의
방주

노아의 방주

지 은 이 | 임봉대
펴 낸 날 | 2010년 6월 10일

펴 낸 이 | 이재영
펴 낸 곳 | 도서출판 조명문화사
등록번호 | 1989.7.13 제2-846호

정 가 10,000원
ISBN 978-89-7257-374-6 03230

출판사의 사전 승인 없이 책의 내용이나 표지 등을
복제·인용할 수 없습니다.

도서출판 조명문화사
주소 133-819 서울특별시 성동구 성수1가1동 281
전화 02-498-3015
팩스 02-498-3018

노아의
방주

임봉대 지음

CONTENTS

머리말

제1장 서 론	9
제2장 노아의 방주를 공부하는 이유	13
제3장 노아에 대한 기록들	24
제4장 하나님의 창조와 구원역사	37
제5장 노아의 시대상	67
제6장 방주의 재료와 구조	76
제7장 방주에 들어간 생명들	92

Noah's Ark

제8장 대홍수 심판 100

제9장 까마귀와 비둘기 122

제10장 대홍수 이후의 변화 136

제11장 하나님의 축복과 영원한 언약 143

제12장 노아의 예언과 가나안적 저주 160

부록 1 노아의 방주를 본 증인들 188
부록 2 노아의 방주 1/100 모형 제작과정 221

머리말

최근 수년간 지구촌은 유례없는 재앙들을 경험하였다. 수십만의 인명피해를 내면서 동남아시아 해안을 휩쓴 쓰나미, 미국 멕시코만을 강타한 허리케인 카트리나, 아이티의 대지진, 유럽 전역에 항공대란을 가져 온 아이슬랜드의 화산폭발 등등, 자연 재앙은 이제 한 지역에만 국한된 사건이 아니라, 전 세계적으로 정치적, 경제적 파장을 일으키면서 온 인류의 삶에 큰 영향을 미치고 있다.

노아의 대홍수(창 6-9장)는 인간의 죄악으로 인해 지구상의 모든 생명체들을 위협하였던 최초의 환경 대재앙이라고 할 수 있다. 오늘날 우리들은 지구 전체를 위협할 만한 새로운 환경 재앙에 빠질 수도 있다는 위험 속에 살고 있다. 오늘날 자연 환경이 이렇게 악화된 배경에는 인간의 탐욕과 죄악이 도사리고 있다. 이런 점에서 과연 우리는 오늘 이시대가 도덕적으로나 영적으로 노아의 시대보다 나은 시대라고 자신 있게 말할 수 있을까? 대홍수 심판에서 인류를 구원하였던 노아의 방주는 마지막 때를 살아가는 오늘 우리들이 어떻게 해야 할 것인가를 다시 한 번 생각하도록 한다.

노아의 방주가 실제로 존재했는지는 아직 증명되지 않고 있다. 많은 탐험가들이 노아의 방주를 찾기 위해 아라랏산을 올라갔지만, 몇몇 목격자들의 증언 외에는 아직 어느 누구도 부인할 수 없는 명백한 증거를 찾아내지는 못했다. 또 대홍수에 대한 과학적인 증거도 여전히 논쟁 중이다. 성경의 기록을 신화적으로 해석하는 사람들은 대홍수의 역사성을 부인하거나 국지적인 사건으로 치부하고 있지만, 과학자들 중에는 성경에 기록된 대홍수가 역사적 사실임을 믿고 그 과학적 증거들을 밝히기 위해 노력하고 있다. 목회자의 한 사람으로서 그들의 신실한 믿음과 헌신적인 노력에 경의를 표한다.

여기서 분명한 것은 창조론이냐 진화론이냐는 과학적인 논쟁을 떠나 기독교 신앙은 창조주 하나님에 대한 고백의 기초 위에 서 있다는 사실이다. 그동안 인간의 해방과 정의를 위해 역사를 주관하시는 구원자 하나님에 초점을 맞추었다면, 이제는 창조주 하나님에 대한 고백을 통해 인간과 자연, 그리고 세계를 새롭게 하는 창조신앙을 회복해야 할 때이다.

이 책은 성서신학을 전공한 목회자로서 그동안 〈노아의 방주〉 세미나와 집회를 인도하면서 동료 교역자들이나 성도들과 함께 나누었던 내용들을 정리한 것이다. 주로 신앙적인 관점에서 창세기 5장(아담의 족보)부터 창세기 9장(노아의 예언)까지 성경본문을 통해 노아와 대홍수, 그리고 방주와 관련한 의미가 무엇인지를 살펴보았다.

최근에 서해안에서 천안함이 두동강이 난 채 침몰된 충격적 사건을 접하면서 만약 노아의 방주도 저렇게 부서져 버렸다면 인류의 역사는 어떻게 되었을까 생각하게 되었다. 인간이 만든 배는 아무리 견고한 군함이나 타이타닉 호와 같은 호화로운 여객선이라고 할지라도 적들의 기습공격이나 자연의 재앙 앞에 부서져 침몰할 수 있다.

대홍수 속에서도 침몰하지 않고 노아의 가족을 구원하였을 뿐만 아니라 하나님의 심판을 넘어서 새로운 인류의 역사를 시작하도록 한 노아의 방주는 오늘 바다와도 같은 인생길을 헤쳐 나아가는 우리가 가져야 할 믿음의 모형을 제시해 준다. 국제성서박물관에서는 우리의 가정이나 교회가 어떤 위협이나 풍랑 속에서도 부서지지 않는 노아의 방주와도 같은 구원의 공동체가 되기를 바라는 마음으로 노아의 방주 1/100 모형을 제작하였다.

박물관 사역을 위해 늘 격려해 주시는 국제성서박물관 설립자이신 한경수 감독님과 노아의 방주 모형제작을 위해 아낌없이 지원해 주신 주안교회 한상호 목사님께 감사를 드리며, 일찍부터 노아의 방주에 대한 관심을 갖도록 해 주신 갈보리교회 강문호 목사님과 부족한 글을 출판해 주신 이재영 사장님, 그리고 편집과 교정을 위해 수고한 이은경 전도사님의 노고에 진심으로 감사를 드린다.

2010. 6. 10
임 봉 대 목사

CHAPTER 1

서 론

믿음으로 노아는 아직 보이지 않는 일에 경고하심을 받아 경외함으로 방주를 준비하여 그 집을 구원하였으니 이로 말미암아 세상을 정죄하고 믿음을 따르는 의의 상속자가 되었느니라(히 11:7)

성경은 구약과 신약으로 되어 있는데, 이러한 명칭은 둘이 서로 분리되어 있는 것처럼 오해하게 만든다. 많은 사람들이 성경을 볼 때 신약이 구약을 대신하는 것으로 생각하고 있다. 이것은 구약과 신약을 별개의 것으로 보는 잘못된 이해에 기인한 것이다. 성경을 좀 더 깊이 관찰한다면 구약은 신약으로 가는 길을 준비하고 있다는 것을 파악하게 된다. 신약과 구약은 서로 분리된 성경이 아니다. 신구약 전체는 처음부터 끝까지 일관성을 갖고 하나로 연결되어 있는 하나님의 말씀이다.

그러므로 성경을 통해 하나님의 뜻을 깨닫고자 할 때에 가장 중요한 것은 신구약 전체를 관통하는 흐름을 놓치지 말아야 한다. 하나님은 그의 계획을 이루고 계시며, 처음부터 이미 마지막을 보고 계시는 분이다. 다시 말해 구약 속에 신약이 내재되어 있고, 신약 속에 구약이 스며있다는 것이다. 성경의 첫 번째 책인 창세기 속에 이미 성경의 마지막 책인 요한계시록이 숨겨져 있다. 이 모든 것이 창조와 구원이라는 하나님의 궁극적인 목적을 성취하기 위해 이루어졌다.

성 어거스틴(St. Augustine)은 "구약에 신약이 감추어져 있고, 신약에서 구약의 의미가 명확하게 된다"고 말했다. 구약의 율법과 사건들은 그리스도를 가리키고 있고, 구속자를 위한 세계를 준비하는 것이다. 예수께서도 말씀하셨다.

내가 율법이나 선지자를 폐하러 온 줄로 생각하지 말라 폐하러 온 것이 아니요 완전하게 하려 함이라 진실로 너희에 이르노니 천지가 없어지기 전에는 율법의 일점일획도 결코 없어지지 아니하고 다 이루리라(마 5:17-18)

모세를 믿었더면 또 나를 믿었으리니 이는 그가 내게 대하여 기록하였음이라(요 5:46)

갈릴리 가나에서 빌립이 친구 나다나엘을 찾아가 예수를 소개할 때에도 마찬가지였다.

빌립이 나다나엘을 찾아 이르되 모세가 율법에 기록하였고 여러 선지자가 기록한 그이를 우리가 만났으니 요셉의 아들 나사렛 예수니라(요 1:45)

그러므로 성경에 기록된 노아의 방주와 대홍수에 대한 이해도 구약과 신약이 그리스도 안에서 일관된 하나님의 구원 역사를 증언하고 있다는 것을 늘 염두하고 시도해야 한다.

성경에 기록된 사건들이 실제로 일어난 역사적 사건에 토대를 두고 있는 것이지만, 무엇보다도 중요한 것은 하나님께서 그의 구원사적인 섭리를 이루기 위해 이러한 역사적 사건들을 주관하고 계시다는 것이다.

노아의 대홍수는 하나님의 공의와 은혜를 동시에 나타내는 사건이다. 대홍수 심판은 죄악이 가득한 세상(창 6:5)에 대한 하나님의 공의이며, 노아를 통해 준비하도록 한 방주는 대홍수 심판으로부터 구원하시는 하나님의 은혜이다. 초대 교회에서 애용하던 유대인 묵시록 '에녹 1서'는 이미 노아의 홍수가 마지막 때의 심판을 예시한 것으로 증거하고 있다.

 대홍수와 노아의 방주는 예수 그리스도를 통해 나타난 구원사건을 미리 보여준 것이며, 장차 일어날 마지막 심판과 구원을 미리 보여주는 구속사적 예표이다.

CHAPTER 2

노아의 방주를 공부하는 이유

1. 노아의 대홍수는 인류 역사상 최대의 사건이다.

기독교인들에 있어서 인류역사상 최대, 최고의 사건은 그리스도이신 예수께서 이 땅 위에 오신 것이다.

> 천사가 이르되 무서워하지 말라 보라 내가 온 백성에게 미칠 큰 기쁨의 좋은 소식을 너희에게 전하노라(눅 2:10)

온 인류를 구원하기 위해 하나님께서 친히 인간이 되신 성육신 사건보다 더 놀라운 사건이 어디에 있을까? 그러나 예수의 탄생은 베들레헴이라는 작은 마을에서부터 이름도 빛도 없이 시작되었다. 그 구원의 빛이 나사렛과 예루살렘을 거쳐 땅끝까지 이르러 전파되어 왔다.

노아의 대홍수 사건은 예수께서 이 땅에 오시기 전에 전 세계적으로 일어난 인류 역사상 최대의 사건이다. 창세기 5-9장의 대홍수 사건은 인류 역사상 가장 큰 물리적 사건으로, 지구의 형태와 환경을 근본적으로 바꾼 대변혁이었다. 과학자들도 한 때 지구의 운명을 근본적으로 변화시킨 대격변이 있었음을 인정하고 있다. 오늘날 지구의 형태와 기후, 자연환경 등은 노아의 대홍수 이후에 형성된 것으로 대홍수 이전에는 지구의 환경이 근본적으로 달랐을 것이다.

일부 학자들은 노아의 대홍수 사건이 흑해의 범람에 따른 것이라고 주장하지만, 대홍수에 대한 기록은 전 세계적으로 2백여 국가와 종족의 고대 전설에서 발견되고 있다. 대홍수는 전 세계에 있는 인류의 대부분이 기억하고 있는 전지구적인 사건이었다.

2. 노아와 대홍수 사건은 원(原)역사의 절반을 차지한다.

창세기 1-11장은 천지창조와 함께 온 인류의 기원을 밝히는 태고의 역사를 다루고 있기 때문에, 학자들은 창세기 1-11장을 태고사 혹은 원역사(原歷史, Ur-history)라고 한다. 그 중에서 절반에 가까운 창세기 6-9장이 대홍수에 관한 이야기이다. 더불어 창세기 5장에 있는 아담에서 노아에 이르는 족보와 10장에 있는 노아와 세 자녀들인 셈, 함과 야벳에 의해 시작된 온 인류의 조상들에 관한 명단은 노아와 대홍수 이야기의 서론과 결론 부분에 해당된다고 할 수 있다.

이렇게 볼 때 원역사에서 노아는 대홍수 심판을 통해 인류 역사의 근본적인 전환점을 이루는 가장 중요한 인물이다. 인본주의적인 사고로 노아의 대홍수 사건을 비과학적이고 신화적인 것에 불과하다고 부정하거나, 특정한 지역에서 일어난 사건에 대한 기억일 뿐이라고 치부해 버리는 것보다는 노아와 대홍수에 관한 성경의 기록을 진지하게 받아들여 오늘 우리에게 주시고자 하시는 하나님의 뜻이 무엇인지를 깨닫는 것이 중요하다.

특별히 대홍수 사건은 "모든 인류는 공동운명체"라는 인식을 갖는 세계화 시대에 걸맞은 놀라운 하나님의 역사이기에, 노아의 방주와 대홍수 사건을 통해 오늘 우리는 인류의 미래를 위한 하나님의 중요한 메시지를 들을 수 있다.

3. 노아의 방주는 성막, 성전, 교회의 모형이다.

노아는 방주를 만들 때에 자기 임의대로 설계하고 만든 것이 아니었다. 하나님께서 지시하고 보여주신 대로 만들었다. 노아의 방주의 설계자는 하나님이셨다. 성경에 하나님께서 친히 설계하신 것이 세 가지 있는데, 노아의 방주, 모세의 성막, 그리고 솔로몬 성전이었다. 방주와 성막, 그리고 성전은 교회의 모형이다. 노아의 방주는 대홍수 심판에서 구원받은 장소였는데, 성막과 성전도 구원의 장소요, 교회도 마지막 때 구원의 장소이다. 우리는 노아의 방주를 통하여 교회가 구원의 방주로서 어떤 모습을 가져야 하고 어떤 역할을 해야 하는지 배울 수 있다.

4. 앞으로 있을 심판 때 상황은 노아의 때와 같다.

예수께서는 마지막 때가 노아의 때와 같다고 말씀하셨다. 오늘 우리들도 노아의 때와 같이 온갖 죄악이 만연하고 도덕적으로 영적으로 타락한 시대를 살아가고 있는 것은 아닐까? 세계 도처에서 일어나고 있는 테러와 인종학살, 그리고 온갖 자연재해들을 보면, 그 배경에 인간의 탐욕과 죄악이 도사리고 있음을 알 수 있다. 그러므로 노아의 방주와 대홍수 사건을 통해 죄악이 만연한 이 세상 가운데에서 우리가 어떤 믿음으로 마지막 때를 준비해야 하는지를 배울 수 있다.

노아의 때에 된 것과 같이 인자의 때에도 그러하리라 노아가 방주에 들어가던 날까지 사람들이 먹고 마시고 장가들고 시집가더니 홍수가 나서 저희를 다 멸하였으며 또 롯의 때와 같으리니 사람들이 먹고 마시고 사고 팔고 심고 집을 짓더니 롯이 소돔에서 나가던 날에 하늘로서 불과 유황이 비오듯 하여 저희를 멸하였느니라 인자의 나타나는 날에도 이러하리라 (눅 17:26-30)

5. 최후의 심판 때 구원받는 길을 가르쳐 준다.

그들은 전에 노아의 날 방주를 준비할 동안 하나님이 오래 참고 기다리실 때에 복종하지 아니하던 자들이라 방주에서 물로 말미암아 구원을 얻은 자가 몇 명뿐이니 겨우 여덟 명이라(벧전 3:20)

대홍수 사건은 1백여년 동안 심판을 경고하신 하나님을 믿지 않고 무시한 결과였다. 노아의 대홍수는 장차 임할 마지막 심판에 대한 예언적 경고를 하고 있다. 예수는 앞으로 있을 최후의 심판을 노아의 때에 비유하였다.

노아의 때와 같이 인자의 임함도 그러하리라 홍수 전에 노아가 방주에 들어가던 날까지 사람들이 먹고 마시고 장가 들고 시집 가고 있으면서 홍수가 나서 그들을 다 멸하기까지 깨닫지 못하였으니 인자의 임함도 이와 같으리라 그 때에 두 사람이 밭에 있으매 한 사람은 데려가고 한 사람은 버려둠을 당할 것이요 두 여자가 맷돌질을 하고 있으매 한 사람은 데려가고 한 사람은 버려둠을 당할 것이니라 그러므로 깨어 있으라 어느 날에 너희 주가 임할는지 너희가 알지 못함이니라 너희도 아는 바니 만일 집 주인이 도둑이 어느 시각에 올 줄을 알았더라면 깨어 있어 그 집을 뚫지 못하게 하였으리라 이러므로 너희도 준비하고 있으라 생각지 않은 때에 인자가 오리라 (마 24:37-44)

6. 세속적 진화론에 대한 창조신앙의 근거가 된다.
다윈은 세계 곳곳에 있는 많은 동물들을 연구하면서 현실

3억5천만년 전에 나타났다가 7천만년 전에 멸종했다고 믿은 물고기 실리칸스(coelacanth). 그러나 이 물고기는 최근 인도양 등에서 발견되었을 뿐만 아니라 7천만년이나 되었다는 화석과 비교하여 전혀 변화가 없는 모습을 보여줌으로써 진화론의 오류를 지적해 주는 중요한 자료가 되고 있다. 〈하버드대학교 자연사박물관〉

적으로 이 세상에 있는 모든 동물의 종이 다 노아의 방주에 들어갈 수 없다는 생각을 하고, 그의 책 〈종의 기원〉을 통해 자연도태설에 기초한 진화론을 주장하였다. 그 이후 진화론은 현대 과학의 바탕이 되어 왔다. 그러나 오늘날 많은 학자들에 의해 진화론의 오류들이 발견되고, 점차 진화론의 비과학성이 증명되고 있다.[1] 인간이나 다른 생물들이 환경변화에 적응할 수 있도록 한 것도 창조주 하나님의 섭리 안에 있는 것이다.

1) 국지적 홍수론

국지적 홍수론은 현대 성서학자들도 흔히 주장하는 내용으로, 바빌론의 길가메쉬 서사시와 관련하여 메소포타미아 지방에서 흔히 있었던 지역적인 홍수에 대한 이야기로 이해한다. 최근에는 터키의 북쪽에 있는 흑해의 범람으로 해석하는 학자들도 있다.

2) 진화론

하나의 뿌리에서 모든 생물이 나왔다. 사람을 동물과 같이 이해한다. 최근 동성애에 대해 사회적이거나 생물학적인 관점에서 이해하는 것도 같은 뿌리이다.

---

1. 지질학에서 가장 문제가 되는 것은 고생대, 중생대, 신생대라고 불리는 "지질통계표"다. 진화론자들이 지구의 역사라고 하면 여지없이 언급되는 것이 바로 지질 통계표다. 지질 통계표는 화석에 의해 가설된 것인데, 진화론자들이 상상하듯 이 화석이 단순히 무척추동물에서 고등한 척추동물까지 진화된 모습을 보여주는 곳은 지구상에 한 군데도 없다는 것이다.

3) 뉴 에이지

고대 다신론의 현대화, 진화론과 동양 신비주의의 결합, 모든 종교의 통합을 주장한다.

결론적으로, 진화론적인 사고는 유물론 사상이 팽배하게 만들었고, 동성애와 낙태 및 적자생존 논리에 따른 자연파괴와 인종주의 등으로 끊임없이 인류의 삶을 위협해 왔다. 반면에 창조신앙은 가정과 인간의 존엄성을 존중하고 창조물의 보존에 대한 사명을 자각하도록 한다. 나아가 온 우주만물을 창조하신 하나님을 신뢰함으로 어떤 어려움과 역경 속에서도 희망을 잃어버리지 않는 믿음을 갖도록 한다.

성경이 증언하는 대홍수 사건에 대한 진실성을 인정할 때 하나님이 창조하신 세상을 훨씬 더 깊이 이해할 수 있으므로 노아의 방주와 대홍수에 대한 올바른 이해는 창조주 하나님에 대한 신앙고백의 시금석이다.

7. 방주를 보았다는 증인들이 있다.

노아의 방주가 아라랏산에 머물렀다는 성경의 기록이 사실이라면, 지금도 아라랏산에 노아의 방주가 있지 않을까?

노아의 방주에 대한 기록은 주전 275년 바빌론의 역사가 베로수스(Berosus)에서부터 로마시대, 중세시대를 거쳐 15세기 마르코폴로에 이르기까지 여러 소설, 역사, 교회의 설교와 강론에서 자주 언급되어 왔다. 19-20세기에 와서도 아라랏산을 본격적으로 탐험한 사람들과 방주를 보았다는 증인들이 나오고 있으며, 지금도 탐험대들이 계속해서 방주를 찾고 있다. 최근 한 탐험대가 아라랏산에서 발견한 구조물의 목재가 탄소연대 측정결과 노아의 방주와 비슷한 시기의 것이라고 주장한 것이 보도되기도 하였다.

NOAH'S ARK

노아의 방주는 왜 찾아?

미국에서 노아의 방주 세미나를 인도할 때였다. 어느 분이 "방주는 찾아서 뭘 하느냐?"고 물었다. 그렇다. 방주는 찾아서 무엇을 하겠는가?

성경의 연대에 기초하면, 노아의 방주는 지금부터 약 4,500여 년 전에 아라랏산에 머물렀는데, 만약 지금 아라랏산에서 노아의 방주에 관한 명백한 흔적을 찾아낸다면, 아라랏산은 최고의 성지순례지 중 하나가 될 것이다.

그러나 노아의 방주를 공부하는 목적은 물질적인 증거를 찾아내고자 하는 데에 있는 것이 아니라, 성경에 기록된 노아의 방주와 대홍수 사건을 통해 세계화 시대에 살고 있는 오늘 우리들에게 주시는 하나님의 뜻이 무엇인지 깨닫고자 함이다.

대홍수 사건은 결코 태고적에 일어났던 과거의 사건에만 머무는 것이 아니다. 이제 우리는 노아의 방주와 대홍수에 대한 올바른 이해를 통하여 적자생존이라는 진화론적인 사고에서 벗어나 온 인류가 하나의 운명공동체라는 인식을 갖고, 자연과 세계에 대한 창조신앙을 회복하도록 해야 한다.

CHAPTER 3

노아에 대한 기록들

1. 구약성서

노아는 창세기 5-10장 외에 역대기상 1장에 나오는 족보에 언급되고 있으며(대상 1:4), 예언서인 이사야서와 에스겔서에도 언급되고 있다.

이사야 선지자는 노아의 대홍수를 하나님의 심판과 관련하여 매우 진지하게 생각하였다.

이는 노아의 홍수에 비하리로다 내가 다시는 노아의 홍수로 땅 위에 범람치 않게 하리라 맹세한 것같이 내가 다시는 너를 노하지 아니하며 다시는 너를 책망하지 아니하기로 맹세하였노니 산들은 떠나며 작은 산들은 옮길지라도 나의 인자는 네게서 떠나지 아니하며 화평케 하는 나의 언약은 옮기지 아니하리라 너를 긍휼히 여기는 여호와의 말이니라(사 54:9-10)

에스겔 선지자는 그의 예언에서 노아를 역사상 가장 의로운 세 사람 중 하나로 언급하였다.

비록 노아, 다니엘, 욥, 이 세 사람이 거기 있을지라도 그들은 자기의 의로 생명만 건지리라 나 주 여호와의 말이니라(겔 14:14)

비록 노아, 다니엘, 욥이 거기 있을지라도 나의 삶을 두고 맹세하노니 그들은 자녀도 건지지 못하고 자기의 의로 자기의 생명만 건지리라 나 주 여호와의 말이니라 하시니라(겔 14:20)

2. 신약성서
복음서에서 예수는 노아의 대홍수가 마지막 때에 일어날 종말론적 사건의 예표임을 분명하게 가르쳐 준다.

노아의 때와 같이 인자의 임함도 그러하리라 홍수 전에 노아가 방주에 들어가던 날까지 사람들이 먹고 마시고 장가들고 시집가고 있으면서 홍수가 나서 그들을 다 멸하기까지 깨닫지 못하였으니 인자의 임함도 이와 같으리라 그 때에 두 사람이 밭에 있으매 한 사람은 데려가고 한 사람은 버려둠을 당할 것이요 두 여자가 맷돌질을 하고 있으매 한 사람은 데려가고 한 사람은 버려둠을 당할 것이니라 그러므로 깨어 있으라 어느 날에 너희 주가 임할는지 너희가 알지 못함이니라 너희도 아는 바니 만일 집 주인이 도둑이 어느 시각에 올 줄을 알았더면 깨어 있어 그 집을 뚫지 못하게 하였으리라 이러므로 너희도 준비하고 있으라 생각지 않은 때에 인자가 오리라 (마 24:37-44)

노아의 때에 된 것 같이 인자의 때에도 그러하리라 노아가 방주에 들어가던 날까지 사람들이 먹고 마시고 장가 들고 시집 가더니 홍수가 나서 그들을 다 멸망시켰으며 또 롯의 때와 같으리니 사람들이 먹고 마시고 사고 팔고 심고 집을 짓더니 롯이 소돔에서 나가던 날에 하늘로부터 불과 유황이 비오듯 하여 그들을 멸망시켰느니라 인자가 나타나는 날에도 이러하리라 그날에 만일 사람이 지붕 위에 있고 그의 세간이 그 집

안에 있으면 그것을 가지러 내려가지 말 것이요 밭에 있는 자도 그와 같이 뒤로 돌이키지 말 것이니라 롯의 처를 기억하라 무릇 자기 목숨을 보전하고자 하는 자는 잃을 것이요 잃는 자는 살리라 내가 너희에게 이르노니 그 밤에 둘이 한 자리에 누워 있으매 하나는 데려감을 얻고 하나는 버려둠을 당할 것이요 두 여자가 함께 맷돌을 갈고 있으매 하나는 데려감을 얻고 하나는 버려둠을 당할 것이니라(눅 17:26-35)

노아는 마지막 때를 살아가는 성도들의 믿음의 표상이다. 노아는 하나님께 순종했던 의인이었다.

믿음으로 노아는 아직 보이지 않는 일에 경고하심을 받아 경외함으로 방주를 준비하여 그 집을 구원하였으니 이로 말미암아 세상을 정죄하고 믿음을 따르는 의의 상속자가 되었느니라(히 11:7)

노아는 히브리서 11장에 나오는 모든 믿음의 영웅들 중에 가장 뛰어난 사람이다. 7절에서 보는 것처럼, 노아와 관련해서만 '믿음으로' 라는 말이 처음과 마지막에 다 나온다.

히브리서 11장에 나타난 노아의 믿음의 일곱가지 요소

1. "경고하심을 받아" – 말씀에 기초한 믿음(롬 10:7)
2. "아직 보지 못하는 일에" – 보지 못하는 것들의 실체를 인정한 믿음(고후 5:7)
3. "경외함으로" – 하나님을 경외(두려워)하는 믿음
4. "방주를 준비하여" – 방주를 준비하는 믿음
5. "그 집을 구원하였으니" – 자기 가정을 구원하는 믿음
6. "이로 말미암아 세상을 정죄하고" – 세상의 죄에 반대되는 증거를 보여주는 믿음
7. "의의 상속자가 되었느니라" – 구원의 축복을 받는 믿음

노아와 같이 우리도 믿음으로 하늘에 시민권을 둔 의의 상속자가 되었다.

3. 초대교회

다음의 그림은 중세시대 한 교회의 벽화에 그려져 있는 그림이다. 방주 안에 노아와 그의 가족들이 있다. 왼쪽에 감람나무 새 잎사귀를 물고 방주로 다가오는 비둘기를 노아가 손

5세기 교회 벽화

을 뻗어 맞이하고 있다.

초대교회 때부터 노아는 의의 설교자로 묘사되었으며, 노아의 방주는 교회의 모형으로 이해되어 왔다.

1) 로마의 클레멘트(1세기 말): 노아는 회개할 것을 설교했다.

2) 안디옥 감독 테오필루스(2세기 말): 노아는 사람들에게 홍수가 임할 것과 속히 회개할 것을 경고했다.

   3) 2-3세기 기록자들: 하나님은 노아에게 사람들의 주의를 끌 수 있게 달그락 소리나는 것을 만들도록 명령하셨다. 노아는 그렇게 했다. 그리고 그는 계속 반복해서 설교했다. 1백년 동안 끊임없이 설교했지만 소용이 없었다. 아무도 듣지를 않았다. 왜냐하면 모두 죄악에 빠져서 죽이고 전쟁하고, 간음하는 등 온갖 죄악으로 바빴기 때문이었다.
   하나님은 홍수를 속히 내리지 않고 1백년이 넘도록 미루셨는데, 그리스도의 재림이 늦어지는 것도 마찬가지 이유에서다. 하나님은 한 영혼이라도 더 구원받기를 원하시는 분이다. 그래서 마지막 심판이 임하기 전에 회개할 기회를 주시고자 하신다. 베드로후서에서도 이것을 지적하고 있다.

   사랑하는 자들아 주께는 하루가 천년 같고 천년이 하루 같다는 이 한 가지를 잊지 말라 주의 약속은 어떤 이들이 더디다고 생각하는 것 같이 더딘 것이 아니라 오직 주께서는 너희를 대하여 오래 참으사 아무도 멸망하지 아니하고 다 회개하기에 이르기를 원하시느니라 그러나 주의 날이 도적같이 오리니 그 날에는 하늘이 큰 소리로 떠나가고 물질이 뜨거운 불에 풀어지고 땅과 그 중에 있는 모든 일이 드러나리로다 이 모든 것이 이렇게 풀어지리니 너희가 어떠한 사람이 되어야 마땅하냐 거룩한 행실과 경건함으로 하나님의 날이 임하기를 바라보고 간절히 사모하라 그 날에 하늘이 불에 타서 풀어지고 물질이 뜨거운 불에 녹아지려니와 우리는 그의 약속대로 의가 있는 곳인 새 하늘과 새 땅을 바라보도다(벧후 3:8-13)

2세기 중엽의 저스틴(Justine)은 여기서 불에 풀어지는 것을 대홍수에 비유하였다. 심판의 불이 아무것도 남기지 않고 쓸어버렸던 대홍수와 같이 모든 것을 풀어 녹아지게 한다는 것이다. 노아가 설교를 마칠 때까지 대홍수가 연기되었던 것처럼, 마지막 재앙이 아직 오지 않은 것은 사람들이 회개할 수 있도록 하기 위해서다.

대홍수로부터의 구출과 방주에서의 나옴은 그리스도의 부활과 무덤에서의 나옴으로 재해석되었다. 영원한 생명을 향한 부활은 모든 그리스도인들의 희망이다. 노아는 지나간 세대의 마지막인 동시에 새로운 세대의 시작이다. 노아는 인류의 제 2의 조상이 되었다. 노아라는 이름의 뜻이 '안식'인데, 이는 곧 "수고하고 무거운 짐진 자들아 다 내게로 오라. 내가 너희를 쉬게 하리라"(마 11:28)는 예수 그리스도의 부르심과 일치한다. 예루살렘의 교부 씨릴(Cyril)은 "예수는 참 노아" 라고 했다.

은유(알레고리)적 해석을 통해 본 노아의 방주

1) 저스틴(Justine)의 해석

방주의 나무는 그리스도의 십자가를 가리킨다. 방주를 통해 구원받은 노아와 그 가족들 여덟명을 그리스도의 부활에 비유하였다. 안식 후 첫 날에 일어난 그리스도의 부활인 일요일은 한 주의 첫 번째 날이면서 여덟 번째 날이다. 홍수가 온 땅을 덮었다는 사실은 하나님의 메시지가 유대인뿐만 아니라 모든 인간들을 위한 것임을 보여준다.

2) 최초의 신학자라고 일컫는 리용의 감독 이레네우스는 요한계시록 13장에 있는 짐승의 수 666을 홍수나던 해 노아의 나이 600 + 다니엘서의 황금상 높이 60규빗 + 넓이 6규빗과 비교하였다.

3) 오리게네스는 방주에 들어간 동물들을 서로 다른 방에

1481년 스위스 바젤의 교회 벽화

두었다는 것은 교회 성도들의 다양한 영적 과정의 단계를 나타낸다고 했다.

4) 성 어거스틴(St. Augustine)은 그의 유명한 저서 〈하나님의 도성〉에서 이렇게 말했다.

의심할 여지없이 방주는 역사상 순례의 길에 있는 하나님의 도성의 상징이요, 하나님과 사람들 사이의 중재자인 교회, 곧 그리스도의 모습이다. 방주의 길이와 높이와 넓이는 오시리라 예언했던 대로 성육신하신 몸의 실재를 가리킨다. 정상적인 몸의 길이는 머리에서 발끝까지 길이가 가슴의 한쪽에서 다른 쪽까지 길이의 여섯배이며, 등에서 가슴 길이의 열배가 된다. 땅에 누워있는 사람을 재어보라. 그 사람의 넓이는 길이의 여섯배, 높이는 길이의 열배가 될 것이다. 이것이 방주가 3백 규빗의 길이에 50규빗의 넓이, 30규빗의 높이로 만들어진 이유이다. 옆에 있는 문은 십자가에 달리신 예수께서 창에 찔려 상처난 옆구리를 상징한다. 문은 주님께 오는 사람들이 들어오는 문으로 믿는 이들이 성찬을 통해 교회에 들어오는 것을 의미한다. 방주는 정방형으로 만들도록 했는데, 정방형은 거룩한 삶의 안정성의 상징이다. 방주의 다른 모든 구조들도 다 교회의 어떤 것을 상징한다...

홍수를 기술한 저자의 마음을 사로잡고 있는 어떤 해석도 이 이야기와, 죄악된 세상에서 세파에 흔들리는 방주와 같이, 하나님의 도성과의 연결을 깨닫는 것이다... 예를 들어, "낮은 방과 중간 방, 그리고 3층으로 만들어라"는 말들은 교회에 적용될 수 있다. 교회는 모든 국가들로부터 모이고 두 층의 방들로 된 것은 두 종류의 사람, 할례자와 무할례자를 의미한다. 그러나 교회는 또한 3층으로 되어 있는데, 홍수 후에 모든 세계가 노아의 세 아들들로부터 새롭게 시작되었기 때문이다.

이는 신앙의 규칙과도 조화를 이룬다. 하나님은 방주에 아래 층뿐만 아니라 중간층에도 방들을 내도록 하였으며, 위에까지 3층으로 하도록 하였다. 그래서 아래에서 위에까지 생활공간이 생겼다. 이 층들은 믿음, 소망, 사랑을 함축한다. 더 나아가 복음서에 언급된 삼십배, 육십배, 백배의 수확을 의미한다. 또한 이것은 성도의 3단계를 말하는데, 가장 낮은 단계는 순결한 결혼, 다음 단계는 순결한 과부, 최고 단계는 처녀의 순결성이다.

5) 요한계시록 17:15에 "또 천사가 내게 말하되 네가 본 바 음녀가 앉아 있는 물은 백성과 무리와 열국과 방언들이니라"는 말씀은 대홍수가 이교도들에 의한 교회의 박해를 예시하는 것이라고 해석되었다. 그러나 이런 부정적인 의미 말고 긍정적인 의미에서 대홍수는 세례의식의 모형이 되었다. 모든 육체가 대홍수에 의해 멸망당한 것처럼 외적인 인간은 세례에 의해 멸망되었다. 입에 올리브 가지를 물고 온 비둘기는 예수께서 세례받으실 때 임한 성령을 뜻한다.

NOAH'S ARK

노아의 방주와 교회

1. 대홍수는 구약시대 때부터 이미 예언자들에 의해 하나님의 심판과 관련하여 선포되었으며, 예수께서도 마지막 때가 노아의 때와 같음을 선포하셨다.

2. 노아의 방주는 마지막 때에 구원함을 받는 교회의 예표이다. 초대교회 때부터 교회는 구원의 방주로 인식되어 왔으며, 노아의 방주는 많은 교회의 벽화나 모자이크, 스테인드글라스 등을 장식하는 대표적인 그림이 되었다.

3. 오늘날 많은 단체와 선교기관들이 노아의 방주를 로고로 사용하고 있다.

CHAPTER 4

하나님의 창조와 구원역사

1. 창세기 1-11장에 나타난 하나님의 구원도식

노아의 대홍수는 죄악으로 가득한 세상에 대한 하나님의 심판과 구원에 대한 증언이다. 대홍수 사건은 세계사적인 사건으로 창세기 1-11장에 있는 소위 원역사(原歷史, Ur-History)의 중심을 이루고 있다. 원역사는 세계와 인간의 창조에서 대홍수 심판, 그리고 온 세상에 흩어진 인류의 구원을 위한 아브라함의 선택에 이르기까지의 태고사이다.

창세기 1-11장의 원역사는 우리에게 우주와 인류의 '근원'(origin)에 관한 중요한 정보를 제공하고 있다. 태양계와 자연의 순환에 대한 것뿐만 아니라, 선과 악, 결혼, 인종과 언어, 그리고 문화의 근원에 대한 중요한 내용을 담고 있다.

성경본문	주요사건	족보/명단
창 1장 - 2장 4절	천지창조	
창 2장 4절 - 3장	아담과 하와(타락)	
창 4장	가인과 아벨(살인)	가인의 족보
창 5장		아담의 족보
창 6-9장	노아와 대홍수	
창 10장		인류의 조상들
창 11장	바벨탑 사건	셈의 족보

원역사는 천지창조에 이어 크게 네 가지 사건을 다루고 있다. 에덴동산에서 아담과 하와(타락), 가인과 아벨(살인), 노아의 대홍수, 바벨탑 등이다. 여기에서 하나님과 세계, 그리고 인간에 대한 중요한 신학적 성찰을 얻을 수 있는데, 네 가지 사건이 모두 1. 인간의 범죄, 2. 범죄에 대한 하나님의 심판, 3. 멸망당할 곳으로부터의 구원이라는 일정한 도식에 의해 기술되고 있다.

여기서 우리가 주목해야 할 것은 하나님이 인간의 죄에 대해 심판하시면서도 새로운 구원의 가능성을 열어 놓으셨다는 것이다. 하나님은 아담과 하와에게 가죽옷을 입히고, 가인에게 구원의 표를 주셨으며, 죄악이 가득한 인류를 대홍수 심판으로 멸망시키면서도 방주를 통해 노아와 그의 가족들을 구원함으로 새로운 인류의 역사가 시작되도록 하셨다.

그런데 주목할 것은 창세기 1-11장에서 인간이 자신의 죄에 대해 회개했다는 말이 없다는 것이다. 아담과 하와, 혹은 가인이 죄를 범했음에도 불구하고 다시 살 수 있었던 것은 그들이 회개했기 때문이 아니라, 하나님께서 마음을 바꾸셨기 때문이다. 구원은 내가 회개함으로 이루어진 것이 아니라, 하나님이 마음을 바꾸어 은혜를 베풀어 주셨기 때문이다. 아담과 하와의 가죽옷, 가인의 표, 노아의 방주, 아브라함의 선택 등은 하나님의 은혜의 증거이다.

이것을 기독론적인 구원론과 비교해 보면, 하나님께서 아담과 하와에게 입힌 가죽옷은 짐승의 피가 묻어 있는 옷이다. 구약시대에는 희생제물의 피를 제단에 뿌림으로 죄사함을 받았다면, 오늘 우리들은 십자가에 흘리신 예수 그리스도의 피로 죄사함을 얻고 구원함을 받는다.

하나님께서 동생 아벨을 죽인 가인을 벌하여 추방하셨지만 죽이지는 않으셨다. 오히려 그의 이마에 보호의 표를 주어 다른 사람들이 그를 해하지 못하도록 은혜를 베풀어 주셨다. 표를 뜻하는 히브리어 '타우'의 고대 글자는 X 이다. 마치 우리가 표시를 할 때, X를 하는 것과 같다. X는 십자가 형태인데, 오늘 우리들에게 주신 하나님의 구원의 표가 곧 십자가이다.

노아의 방주는 대홍수 심판으로부터 구출된 구원의 방주이다. 하나님께서 노아에게 방주를 만들어 대홍수 심판으로부터 구원을 받도록 하셨던 것처럼, 오늘 우리들이 마지막 때 최후의 심판으로부터 구원함을 받도록 하기 위해 교회를 이루도록 하셨다. 교회는 믿음의 공동체요 구원의 방주이다.

마지막으로 하나님은 바벨탑 사건으로 인하여 언어의 혼란과 함께 인류가 온 세상에 흩어지도록 하셨다. 그러나 온 세상에 흩어져 어두움 가운데 있는 인류를 구원의 빛으로 인도하기 위해 하나님께서 한 사람을 선택하셨는데, 그가 아브라함이다. 그러나 아브라함의 육신의 후손들인 유대인들이 하나님의 선택된 민족이라는 것만 자랑하고, 아브라함을 선택한 하나님의 뜻을 온전하게 실천하지 못하였기에, 하나님은 예수 그리스도를 통하여 아브라함의 새로운 후손들을 택하셨다. 그들이 바로 예수의 제자들이요 오늘 우리들이다.

너희가 그리스도의 것이면 곧 아브라함의 자손이요 약속대로 유업을 이을 자니라(갈 3:29)

이는 그리스도 예수 안에서 아브라함의 복이 이방인에게 미치게 하고 또 우리로 하여금 믿음으로 말미암아 성령의 약속을 받게 하여 함이라(갈 3:14)

마가의 다락방 성령강림사건은 바벨탑 사건으로 인한 하나님의 심판에 따른 언어의 혼란, 인류의 흩어짐으로부터 세상 모든 민족이 구원을 얻기까지 하나님께 인도함을 받는 새로운 구원역사로 전환하는 결정적인 사건이었다. 성령강림사건을 통해 교회가 탄생하고, 땅 끝까지 이르러 복음을 전파하는 선교의 역사가 시작되었다.

이상의 내용을 정리하면 아래 도표와 같다.

성경본문	범죄	심판	구원	기독론적 이해
아담과 하와 (2-3장)	선악과 따먹음	동산에서 추방	가죽옷	보혈
가인과 아벨 (4장)	살인	추방	구원의 표	십자가
노아 (6-9장)	죄악이 만연	대홍수	방주	교회
바벨탑 (11장)	탑을 쌓음 (교만)	언어의 혼란	아브라함의 선택	마가 다락방 (성령)

2. 아담의 족보

창세기 1-11장의 원역사는 앞에서 말한 대로 네 가지 사건을 일정한 구원도식에 따라 기록하였을 뿐만 아니라, 각 사건의 인물들과 관련한 족보를 연결해 놓았다: 가인의 족보(창 4:16-26), 아담의 족보(창 5장), 인류의 조상들인 노아의 세 아들, 셈과 함과 야벳의 후손들 명단(창 10장), 셈의 족보(창 11:10-26).

여기서 족보는 인간이 범죄했음에도 불구하고 멸망하지 않고 계속 번성하였음을 보여주는 것으로 인간의 죄를 넘어선 하나님의 구속의 은총의 증거이다.

1. 가인의 족보(창 4:16-26)는 가인이 형제살인을 범한 죽을 수밖에 없는 죄인이었지만, 하나님께서 그를 살려 주셨을 뿐만 아니라, 그를 통하여 많은 후손들이 태어났음을 보여주는 증거이다. 가인의 족보에는 도시(야발), 음악(유발), 기술문명(두발가인)을 일으킨 조상들의 명단이 나오는데, 인류가 번성하면서 도시가 형성되고, 음악(문화)과 기술문명이 발전하기 시작했음을 보여 준다.

2. 아담의 족보(창 5장)는 아벨이 가인에게 살해되고 난 후 아담과 하와 사이에 새로 태어난 셋을 통해 이어진 후손들의

명단으로 노아까지 모두 10명의 명단이 나이와 함께 기록되어 있다. 가인의 족보에는 명단만 나올 뿐 나이는 나오지 않는다.

3. 창세기 10장에는 모두 70명의 명단이 나오는데, 노아의 세 아들인 셈, 함, 야벳을 통하여 이루어진 인류의 조상들이다. 이들은 대홍수 심판으로 인해 인류가 멸망하지 않고, 새롭게 번창하기 시작했다는 증거이다.

4. 셈의 족보(창 11:10-26)도 창세기 5장의 아담의 족보와 같이 10명의 명단이 나오며, 맨 마지막에 나오는 인물이 아브라함이다. 셈은 노아의 장남으로 '셈'(Shem)이라는 말의 뜻은 '이름'이다. 셈족이란 "하나님의 이름을 가진 민족"이라는 뜻으로 셈의 후예들을 통해 하나님의 이름이 전수되었으며, 그 정점에 아브라함이 있다.

이상에서 원역사에 나오는 족보들에 대해 간략하게 살펴보았는데, 특별히 노아와 대홍수 이야기는 족보(창 5장)로 시작해서 족보(창 10장)로 끝난다. 창세기 5장에 있는 아담의 족보는 노아까지 이르는 계보를 담고 있는데, 족보의 주인공은 첫 번째 인물인 아담이 아니라 아담의 10대손이요 족보의 마지막 인물인 노아이다.

5장 1절에, '책'(계보 혹은 족보)이라는 말이 구약 성경에서 처음으로 나오는데, 히브리어로 '톨레돗'(toledoth)이다. 신약 성경에서는 마태복음 1장 1절에 '책'(세계)이라는 말이 처음으로 나온다. 첫 번째 책(창 5장)은 첫 번째 아담에 대해 말하고, 두 번째 책(마 1장)은 하늘로부터 오신 주님인 마지막 아담에 대하여 말한다.

첫 사람은 땅에서 났으니 흙에 속한 자이거니와 둘째 사람은 하늘에서 나셨느니라(고전 15:47)

성경은 노아의 기록을 천지창조와 아담 자손의 기록과 동일시한다.

창 5:1 아담의 계보(toledoth)
창 6:9 노아의 족보(toledoth)니라

아담의 10대손인 노아는 대홍수 심판에서 구원을 받고, 세 아들 셈과 함과 야벳을 통한 70민족들의 조상이 된다. 성경에 나오는 이름들은 나름대로 그 뜻이 있는데, 예언적인 메시지를 담고 있다. 예를 들면 아브라함은 "열국의 아비", 사라는

"열국의 어미(여왕)", 이스마엘은 "하나님이 들으셨다", 모세는 "물에서 건져낸 자"라는 뜻을 갖고 있다.

  창세기 5장에 나오는 족보에는 아담에서 노아 때까지 모두 10명의 이름과 나이들이 나온다. 독일 신학자 궁켈(H. Gunkel)은 창세기 5장에 있는 10명의 명단과 바빌론의 시조 10왕들에 대한 명단을 비교하였다.

  1873년 니느웨의 앗수르바니팔 도서관에서 발굴된 길가메쉬 서사시는 창세기에 있는 노아의 대홍수와 매우 유사한 홍수 이야기를 갖고 있다. 그리고 1923년부터 발견되기 시작한 설형문자 토판에서도 홍수 이야기들에 대한 언급이 있다. 길가메쉬 서사시의 11번째 토판(사진)에 보면, 신이 우트나피쉬팀에게 와서 끔찍한 홍수에 대해 경고하면서 배를 건조하여 살아 있는 모든 종자들을 배에 실으라고 하였다. 배는 120규빗의 높이와 넓이와 길이로 되어 있으며, 역청으로 배를 발랐다. 그리고는 모든 종류의 동물 암수와 자기 가족들을 태우고 식량을 배에 실었다. 배가 완성되었을 때 대홍수가 임하기 시작했고, 배는 나시르산에 정착했다. 배가 7일을 쉰 다음 우트나피쉬팀은 비둘기와 제비, 그리고 까마귀를 순서대로 내보냈다. 마지막으로 내 보낸 까마귀가 돌아오지 않자 우트나피쉬팀은 물이 빠진 줄을 알고 방주의 문을 열고 세상으로 다시

바빌론 홍수 이야기(길가메쉬)가 기록되어 있는 설형문자 토판

나왔다.

  방주에 대해서 처음으로 기록했던 바빌론 역사가 베로수스(Berosus)는 홍수 이전에 살았던 바빌론 10 왕들에 대한 명단을 언급하고 있다: 알로롯, 알라파로스, 아멜론, 암메논, 메갈라로스, 다오놋, 유에도라코스, 아멤피노스, 오티아르테스, 에이듀트로스(아트라하시스).

  창세기 5장과 바빌론 시조 10왕들의 명단 사이에 있는 공통점을 다음의 도표에서 정리해 보았다.

명단	창세기 5장	바빌론	의미분석
세 번째 이름	에노스	아멜론	인간의(죽을 수밖에 없는 무한한 존재)
네 번째 이름	게난	암메론	대장장이
일곱 번째 이름	에녹	유에도라코스	에녹은 하나님과 동행하다가 승천한 하나님의 사람인데, 바빌론의 유에도라코스도 태고에 하늘과 땅의 비밀인 신적인 신비에 감싸인 유명한 신의 사람으로 예언자들과 점성가들의 기원이 되었다.
여덟 번째 이름	므두셀라	아멤피노스	아멤피노스는 달의 신인 〈신(Sin)의 사람〉이라는 뜻이다. 이와 비슷하게 므두셀라는 히브리어로 여러 가지 해석을 할 수 있는데, 그 중에 '하나님(El)의 사람'이라는 뜻도 있다.
아홉 번째 이름	라멕	오피아르테스	오피아르테스는 길가메쉬 서사시에 홍수의 영웅으로 나오는 아트라하시스(에이듀트로스)의 아버지 우파르 투트이다.
열 번째 이름	노아	에이듀트로스 아트라하시스	노아는 대홍수 심판으로부터 구원함을 받은 의인이요, 아트라하시스도 바빌론 서사시에서 홍수의 영웅이다.

4장 하나님의 창조와 구원역사

그러나 바빌론 시조 10왕들의 연대는 그들의 왕국과 통치 기간을 나타내는데, 총 432,000년이나 된다. 반면에 창세기 5장의 족보에 나오는 인물의 연대는 모두 1,656년이다.

내용적으로도 노아의 대홍수와 바빌론 홍수 이야기는 공통된 것들이 많이 있다. 이런 공통점으로 인해 노아의 대홍수와 바빌론 홍수 이야기 사이에 어떤 관계가 있음을 주장하면서 신학적으로 소위 〈바벨-비벨 논쟁〉(Babel-Bible Controversy)을 불러 일으켰다. '바벨'(Babel)은 바빌론을 말하고, '비벨'(Bibel)은 성경을 독일어로 '비벨'(Bibel)이라고 한 것에서 나온 말이다. 바벨-비벨 논쟁의 핵심은 성경의 기록이 바빌론의 영향을 받았느냐는 것이었다.

그러나 바빌론의 이름이 성경에는 전혀 언급되지 않고 있기 때문에, 바빌론 홍수 이야기는 당시 세계 여러 나라에 퍼져 있던 홍수 이야기 중의 하나이다. 이집트 신전에서 발굴된 홍수 이야기, 아하트라스 서사시, 인도, 중국, 뉴질랜드의 마오리족뿐만 아니라 미국 미시간 주에서 발견된 인디안의 석판 등에서도 노아의 대홍수에 관한 흔적들을 볼 수 있다.

특히 미시간 주에서 발견된 인디안 석판은 다섯 부분으로 나누어져 있는데, 그 그림을 보면 놀랍게도 노아의 홍수와 정확하게 일치하고 있다. 첫 부분에는 일그러진 태양 아래 한

미시간 주에서 발견된 인디안 석판

노인이 경배하는 모습이 보이며, 둘째 부분은 큰 비가 내리고, 물에 빠져 허우적대는 사람들이 보인다. 세 번째 부분에는 물 위에 떠 있는 큰 배가 보이고, 넷째 부분은 태양과 함께 큰 배에서 동물들이 쌍쌍이 내려오고 있다. 마지막 부분은 하나님과의 언약의 상징인 무지개를 볼 수 있다. 이런 홍수 이야기들은 노아의 대홍수 사건이 역사적으로 실재했음을 보여주는 증거라고 할 수 있다.

1. 10명의 이름의 뜻

창세기 5장의 족보에는 아담에서 노아에 이르는 10명의 명단이 나오는데, 그 이름마다 분명한 뜻을 갖고 있다. 여기서 우리는 성경의 족보에 나오는 이름들의 의미에 주목할 필요가 있다. 왜냐하면 창세기 5장에 있는 10명의 이름들의 뜻 속에는 놀랍게도 메시야에 대한 예언이 담겨 있기 때문이다.

창세기 5장에 나오는 아담에서 노아에 이르는 명칭과 그 이름의 뜻은 아래와 같다.[2]

아담(Adam) - 인간(Man)
셋(Seth) - 정해졌다(appointed)
에노스(Enosh) - 죽어야 할 운명의(Mortal)
게난(Kenan) - 슬픔, 고난(Sorrow)
마할랄렐(Mahalalel) - 축복자 하나님(The Blessed God)

---

2. Avi Ben-Mordechai, *Signs in the Heavens* (1996), 47-48쪽 참고.

야렛(Jared) - 내려오다(Shall come down)
에녹(Enoch) - 가르침(Teaching)
므두셀라(Methuselah) - 그의 죽음이 가져오다(His death shall bring)
라멕(Lamech) - 절망한, 희망이 없는(despairing)
노아(Noah) - 안식 혹은 위로(Rest, or comfort)

이를 종합해 보면 아래와 같은 뜻이 된다.

인간은 죽을 수밖에 없는 고난의 사람이 되었다. 그러나 축복자 하나님이 가르침을 위해 내려오시고, 그의 죽음이 절망한 자들에게 안식을 주신다.

Man is appointed mortal sorrow; the Blessed God shall down teaching and His death shall bring the despriring to rest.

이 이름들은 다른 족보들이 있는 역대기상 1:1-4과 누가복음 3:36-38에서 그대로 반복되고 있다. 내용적으로 보면, 사도 바울이 고백한 말씀과 같다.

사망이 사람으로 말미암았으니 죽은 자의 부활도 사람으로 말미암는도다 아담 안에서 모든 사람이 죽은 것 같이 그리스도 안에서 모든 사람이 삶을 얻으리라(고전 15:21-22)

아담을 통해 우리에게 고난과 죽음이 임하였지만, 그리스도를 통하여 살게 되었고 하나님의 영원한 안식에 들어갈 문이 열리게 되었다. 홍수 때까지의 조상들의 명단은 그리스도를 통한 구원의 그림자이다. 방주는 그리스도 안에서의 구원의 상징이다.

2. 연대

창세기 5장의 족보에 나오는 인물들의 수명은 도표와 같다.

아버지 이름	당시 나이	아들 이름	누적 햇수	역사적 사건
아담	130	셋	130	아담 130세에 셋 출생
셋	105	에노스	235	
에노스	90	게난	325	
게난	70	마할랄렐	395	
마할랄렐	65	야렛	460	
야렛	162	에녹	622	
에녹	65	므두셀라	687	
므두셀라	187	라멕	874	

			930	아담 죽음. 930세 향유
			987	에녹 승천. 365년 향유
			1042	셋 죽음. 912년 향유
라멕	182	노아	1056	
			1140	에노스 죽음. 905세 향유
			1235	게난 죽음. 910세 향유
			1290	마할랄렐 죽음. 895세 향유
			1357	야렛 죽음. 962세 향유
			1536	하나님께서 홍수 경고. 요벨서 5:7에 따르면, 120년 후에 홍수가 날 것을 예언함.
노아	500	셈	1559	셈은 노아의 세 번째 아들이다. 함은 〈작은〉이란 뜻이고, 야렛은 〈장자〉라는 뜻이다. 세 명의 이름 중 셈이 제일 먼저 나오는 이유는 그가 약속을 이을 자이기 때문이다.
			1651	라멕 죽음. 777년 향유
			1656 (주전 2347)	셈이 출생한 지 99년째 되는 해에 홍수가 시작됨. 노아의 나이 6백세였다.
셈	100	아르박삿	1659	홍수가 끝난 지 2년 후, 셈의 나이 1백세에 아르박삿 출생. 홍수는 1656년에 시작해서 1657년에 끝남.

앞의 도표에서 보듯이 창조에서 대홍수까지의 기간은 1,656년이다. 이것은 헬라어 역본인 70인역(LXX)의 2,242년, 사마리아오경의 1,307년과 차이를 보이고 있는데, 우리말 성경의 1,656년은 구약성경의 원어인 히브리어 성경(Masora Text)을 따른 것으로 가장 정확한 연대이다.

족보에 나와 있는 연대에 따르면, 아담은 노아의 아버지 라멕이 56세가 될 때까지 살았고, 노아는 셋이 죽은 지 14년 만에 태어났다. 에녹과 라멕은 아버지보다 빨리 세상을 떠났으니, 노아 이전에 오직 7명만이 후사에게 하나님의 뜻을 전할 수 있었다. 이것은 베드로후서 2장 5절에 노아를 "여덟 번째 의의 전파자"라고 부른 이유인 것 같다.

창세기 5장에 나오는 각 인물들의 나이를 기초로 하여 뇔데케(Nöldeke)가 계산한 바에 따르면, 창조에서부터 출애굽까지는 2,666년인데, 정확하게 4,000년의 2/3에 해당한다. 성경에서 세계의 연대는 4,000년으로 예루살렘 성전건축은 창조로부터 계산할 때 3,001년에 시작되었으며, 예수께서는 4,000년에 이 땅에 오셨다.

리델(Riedel)이라는 학자는 에녹(365년)과 라멕(777년)을 제외한 다른 여덟 명의 나이가 한 달의 날짜수(30)와 관계되어 있다는 것을 밝혀냈다. 예를 들어 아담의 나이 $930 = 30^2$

+ 30, 에노스와 마할랄렐은 905 + 895 = 1,800 =2 × 30^2 등이다. 아담의 7대손인 에녹은 하나님과 동행하다가 하늘로 승천하였다.

믿음으로 에녹은 죽음을 보지 않고 옮기웠으니 하나님이 저를 옮기심으로 다시 보이지 아니하니라 저는 옮기우기 전에 하나님을 기쁘시게 하는 자라 하는 증거를 받았느니라(히 11:5)

에녹보다 2,500년 후에 나타난 엘리야라는 선지자도 죽지 않고 하늘로 승천했다(왕하 2:11). 에녹은 아담과 아브라함의 중간 시대에 위치하고, 엘리야는 아브라함과 그리스도의 중간 시대에 위치하는데, 둘 다 배교의 시대가 극에 달했을 때였다. 구약의 마지막 예언자인 말라기 선지자는 엘리야가 다시 와서 회개의 설교를 할 것이라고 예언하였으며, 예수께서는 오리라고 한 엘리야가 세례요한임을 말씀하셨다.

보라 여호와의 크고 두려운 날이 이르기 전에 내가 선지자 엘리야를 너희에게 보내리니 그가 아버지의 마음을 자녀에게로 돌이키게 하리라 돌이키지 아니하면 두렵건대 내가 와서

저주로 그 땅을 칠까 하노라 하시니라(말 4:5-6)

예수께서 대답하여 이르시되 엘리야가 과연 먼저 와서 모든 일을 회복하리라 내가 너희에게 말하노니 엘리야가 이미 왔으되 사람들이 알지 못하고 임의로 대우하였도다 인자도 이와 같이 그들에게 고난을 받으리라 하시니 그제서야 제자들이 예수께서 말씀하신 것이 세례 요한인 줄을 깨달으니라(마 17:12-13)

에녹의 예언자적인 삶은 그의 나이 65세에 낳은 아들 므두셀라의 이름에서 짐작할 수 있다. 므두셀라라는 이름의 뜻은 '창의 사람'(man of spear) 혹은 '하나님(El)의 사람'이라고 이해하기도 하지만, '므두'는 '죽음'(death)이라는 뜻이고 '셀라'는 '가져온다'(to bring), 혹은 '일어난다'(to come to pass)는 뜻이다. '므두셀라'는 "그의 죽음이 …를 가져온다" 혹은 "그가 죽음으로 …이 일어난다"는 뜻으로 해석하는 것이 정확하다. 그러므로 므두셀라의 이름에는 대홍수 심판과 관련한 하나님의 중요한 계시가 담겨 있었다.

므두셀라는 에녹의 아들로 969세를 살았는데, 성경에서 가장 장수한 인물로 나온다. 하나님의 대홍수 심판의 메시지를 담고 있는 므두셀라가 가장 오래 살았다는 것은 그만큼 하나님께서 심판하시기 전 인간들의 회개를 기다리셨다는 뜻이다.

그들은 전에 노아의 날 방주를 준비할 동안 하나님이 오래 참고 기다리실 때에 복종하지 아니하던 자들이라 방주에서 물로 말미암아 구원을 얻은 자가 몇 명뿐이니 겨우 여덟명이라(벧전 3:20)

그러므로 하나님의 심판이 더디다는 것은 한 영혼이라도 더 회개하여 구원받기를 원하시는 하나님의 은총의 증거이다. 므두셀라가 죽은 해는 그의 이름이 뜻하는 것과 같이 대홍수가 나던 해였다. 므두셀라는 300세에 아버지 에녹이 나이 365세로 승천하였고, 므두셀라의 나이 369세에 노아가 태어나 므두셀라는 869세부터 노아가 방주짓는 것을 지켜 보았으며, 홍수가 나던 해에 969세로 운명했다. 대홍수는 므두셀라가 죽은 후 시작되었다. 므두셀라의 아들이요 노아의 아버지인 라멕은 므두셀라 187세에 태어나 777세를 향수하고 홍수가 나기 5년 전인 므두셀라의 나이 964세에 먼저 죽었다. 므두셀라의 일생에는 에녹의 승천과 노아의 탄생, 그리고 방주의 건축과 아들 라멕의 죽음, 그리고 대홍수라는 당대 최고의 사건들이 망라되어 있으므로 므두셀라의 이름과 나이에는 마지막 시대를 준비하는 예언적인 메시지가 담겨 있다.

17세기 영국의 위대한 감독 라이토이가 글라스코 교회에서 목회할 때 지나가던 한 사람이 교회에 들어와 마침 창세기 5장에 있는 아담의 족보를 낭독하는 것을 들었다. 그는 "사람은 아무리 오래 살아도 반드시 죽는 때가 있다"는 것을 깨닫고 하나님께 돌아왔다고 한다. 성 프란시스가 죽음을 눈앞에 두고 쓴 〈잘 죽어야 영원히 산다〉는 시가 있다.

나의 죽음을 인하여
주를 찬양할지라
죽음에서 피할 수 없음은
축복 중의 축복이니
두 번째 죽음이 우리를 해치 못하리라
하나님의 뜻에 자기를 맡기는 자여
그대에게 축복이 있으리라

그의 시에서 '두번째 죽음'은 육체의 죽음이요, 첫 번째 죽음은 회개하고 주님을 영접함으로 주님과 함께 '십자가'에 못박힌 죽음이다. 사람은 반드시 두 번 죽게 되어 있는데, 육신이 살아 있는 동안에 세례를 받고 거듭남으로 첫 번째 죽음을 당한 사람은 육신의 죽음 한번만이 더 있고, 나중에 주님께서 재림하실 때 부활하여 영원한 심판이 있는 두 번째 부활과 사망에는 참여하지 않게 된다.

또 내가 보좌들을 보니 거기에 앉은 자들이 있어 심판하는 권세를 받았더라 또 내가 보니 예수를 증언함과 하나님의 말씀 때문에 목 베임을 당한 자들의 영혼들과 또 짐승과 그의 우상에게 경배하지도 아니하고 이마와 손에 그의 표를 받지 아니한 자들이 살아서 그리스도로 더불어 천년 동안 왕노릇 하니 (그 나머지 죽은 자들은 그 천 년이 차기까지 살지 못하더라) 이는 첫째 부활이라 이 첫째 부활에 참여하는 자들은 복이 있고 거룩하도다 둘째 사망이 그들을 다스리는 권세가 없고 도리어 그들이 하나님과 그리스도의 제사장이 되어 천년 동안 그리스도로 더불어 왕노릇하리라(계 20:4-6)

그러나 주님을 믿지 않고 육신의 죽음만을 당한 사람은 마지막 때에 두 번째 부활에 참여하여 하나님의 심판대 앞에 서게 되고 영원한 멸망에 이르는 죽음에 들어가게 된다.

또 내가 보니 죽은 자들이 큰 자나 작은 자나 그 보좌 앞에 서 있는데 책들이 펴 있고 또 다른 책이 펴졌으니 곧 생명책이라 죽은 자들이 자기 행위를 따라 책들에 기록된 대로 심판을 받으니 바다가 그 가운데서 죽은 자들을 내주고 또 사망과 음부도 그 가운데에서 죽은 자들을 내주매 각 사람이 자기의 행위대로 심판을 받고 사망과 음부도 불못에 던져지니 이것은 둘째 사망 곧 불못이라 누구든지 생명책에 기록되지 못한 자는 불못에 던져지더라(계 20:12-15)

성경에 있는 사람들의 나이를 보면 아담부터 노아까지는 700-1000세, 노아부터 아브라함까지는 200-600세, 족장들은 100-200세, 현재는 70-80세로 나와 있다. 여기서 명백한 것은 죄가 점점 강성해지면서 사람들의 나이도 점차 줄어들기 시작했다는 것이다.

3. 족보있는 믿음

원역사(창 1-11장)에는 족보만 4개가 나온다. 신약성경의 첫 번째 책인 마태복음도 족보로 시작을 한다. 족보는 하나님의 놀라운 섭리의 증거다. 원역사에 제일 먼저 가인의 족보가 나온다. 가인은 자기 동생 아벨을 죽인 인류 최초의 살인자였다. 그런데 성경은 가인의 족보를 통해 가인의 후손들이 도시와 음악, 금속문명의 조상들이 되었음을 증명한다. 죽을 수밖에 없는 죄를 지은 살인자 가인, 그러나 하나님은 가인에게 은혜를 베풀어 인류문명의 창시자가 되도록 하셨다. 죽을 자를 용서해 주시는 하나님의 증거다. 이 시대의 모든 문명은 인간이 뛰어나기 때문이 아니라, 하나님께서 죽을 수밖에 없는 인간들을 용서해 주시고 새로운 삶을 허락해 주셨기 때문에 이룩할 수 있었던 것이다. 이어서 창세기 5장에 아담부터 노아에 이르는 족보가 나온다.

창세기 10장에는 노아의 세 아들 셈, 함, 야벳의 후손들 명단이 나오는데, 이들이 인류의 조상들이 된다. 인류의 조상들 명단은 죄악으로 가득한 세상이 대홍수로 인해 완전히 멸망당한 것이 아니라, 노아를 통해 다시금 온 세상에 충만하도록 인간들이 번성하게 되었다는 하나님의 은총의 증거다.

그리고는 바벨탑 사건이 일어난다. 그 다음에 나오는 것이 셈의 족보다. 셈은 '이름'이라는 뜻으로, 셈족이란 "하나님의 이름을 가진 족속들"이라는 뜻이다. 그래서 셈의 족보는 온 인류의 복의 근원이 될 아브라함으로 끝난다. 족보에 따르면, 노아는 아담의 10대손이고, 아브라함은 셈의 10대 손이다. 출애굽 이후 요단강을 건너 이스라엘 백성들을 약속의 땅 가나안으로 인도한 여호수아는 요셉이 애굽에서 낳은 아들인 에브라임의 10대 손이다.

노아, 아브라함, 여호수아는 공통점이 있는데, 이들은 모두 물을 건너 새로운 세계로 넘어 온 사람들이다. 노아는 대홍수를 건넜으며, 아브라함은 갈대아 우르지방에서 하나님의 부르심을 받아 큰 강 유브라데와 티그리스를 건너 하란을 거쳐 가나안으로 들어 왔으며, 여호수아는 출애굽한 이스라엘 백성들을 이끌고 요단강을 건너 약속의 땅 가나안으로 들어왔다.

그리고 그들은 공통된 믿음을 갖고 있었는데, 눈에 보이는 것에 의지하지 않고, 눈에 보이지 않는 하나님의 약속만을 바라보며, 하나님의 말씀에 전적으로 순종하였다.

첫째, 성경의 족보는 하나님의 은총의 증거다.

족보는 인간들이 죄악을 범했음에도 불구하고, 멸망당하지 않고 다시금 번성하고 있다는 하나님의 은총의 증거다. 하나님이 우리 인간을 창조하시고 "생육하고 번성하여 땅에 충만하라"고 복을 주셨다. 그런데 성경의 족보를 통해 깨닫게 되는 것은, 오늘 우리가 이 땅에 번성하여 사는 것은 나의 의

나 능력 때문이 아니라, 죽을 수밖에 없는 우리 인간들에게 다시금 은혜를 베풀어 주시는 하나님의 은총 때문이라는 것이다. 그러므로 족보있는 믿음이란 하나님의 은총 속에 사는 삶을 말한다. 노아가 대홍수에서 구원을 받은 것도, 롯이 멸망당할 소돔과 고모라 도성에서 구출받은 것도 다 하나님께 은총을 입었기 때문이다.

우리가 족보의 이름에 익숙하면, 성경을 쉽게 읽고 이해할 수 있다. 사람을 사귈 때에도 그 사람의 이름을 알면 금방 친숙해 질 수 있는 것과 같다. 하나님께서 우리를 부르실 때에도 이름을 부르신다. 하나님은 가시떨기 나무 가운데에서 "모세야", "모세야" 하고 부르셨다. 성전에서 잠든 사무엘을 부르실 때도, 하나님은 "사무엘아", "사무엘아" 하고 이름을 부르셨다.

둘째, 성경의 족보는 미래지향적이다.

성경의 족보는 과거의 조상을 자랑하는 것이 아니라, 철저하게 미래지향적이다. 그래서 성경에 있는 족보의 주인공은 조상들이 아니라, 족보의 맨 끝에 나오는 인물이다. 아담의 족보의 주인공은 대홍수 심판에서 구원받는 노아다. 노아가 하나님께 은혜를 입어 구원받았기 때문에, 그 위의 조상들도 그 이름이 함께 남은 것이다. 셈의 족보의 주인공은 셈이 아니라, 복의 근원으로 택함을 받은 아브라함이다. 수많은 셈의 후손들이 있지만, 아브라함만이 은혜를 입어 하나님의 택함 받은 백성이 되었다.

마태복음 1장에 있는 족보의 주인공도 마지막에 나오는 예수 그리스도다. 아브라함의 후손 중에는 야곱도 있고 에서도 있지만, 야곱이 구원받은 백성이 됐다. 야곱의 12 아들 중에 단은 멸망의 길로 갔고, 나머지 아들들의 후손들도 사마리아인들로 전락해 버렸다. 오직 네 번째 아들인 유다만이 다윗의 조상이 되고, 유대인들로 남았다. 유대인들이라고 다 구원받았는가? 오직 예수 그리스도만이 하나님의 약속 있는 자손이 되었다.

이 약속들은 아브라함과 그 자손들에게 말씀하신 것인데 여럿을 가리켜 그 자손들이라 하지 아니하시고 오직 한 사람을 가리켜 네 자손이라 하셨으니 곧 그리스도라(갈 3:16)

너희가 그리스도의 것이면 곧 아브라함의 자손이요 약속대로 유업을 이을 자니라(갈 3:29)

아담의 족보는 노아부터 거슬러 올라가면서 아담까지 이르는 10명의 조상들이 구원을 받은 혈통들이 되었다. 아담과 셋, 에노스 등 노아의 조상들이 수많은 후손들을 낳았지만, 그들의 이름은 족보에 기록되지 않았다. 셈의 족보는 아브라함부터 거슬러 올라가면서 구원을 받은 혈통들이 되었다. 셈의 후손도 부지기수로 많았지만, 아브라함을 낳은 계열이 구원의 혈통이 되었다.

세상의 족보로 따져 보면, 우리는 다 이방인의 혈통이다. 그러나 우리는 믿음으로 그리스도 예수 안에서 하나님의 자녀들이 되었다. 그러므로 우리는 유대인이나 헬라인이나 종이나 자유자나 남자나 여자 할 것 없이 다 그리스도 예수 안에서 하나다. 하나님은 믿음의 족보를 통하여 온 세상에 아브라함의 복이 미치게 하셨다. 예수 그리스도와 함께 하나님의 구원의 약속을 받은 아브라함의 자손이요, 하나님의 약속대로 유업을 이어받을 상속자들이다. 우리는 이제 믿음의 족보를 가진 사람들이다.

노아의 족보와 숫자 10과 70

노아는 아담의 10대손(창 5장)이요 70민족의 조상(창 10장)이 되었다. 창세기 10장에 있는 노아의 세 아들 셈과 함과 야벳의 후손 명단들을 모두 세어보면 70명인데, 이들이 인류의 조상이 되었다. 이렇듯 노아와 관련된 숫자로 10과 70이 있는데, 이는 인류의 구원과 관련한 중요한 숫자이다.

솔로몬 성전에 보면, 성소 안에 좌우로 등대가 5개씩 모두 10개가 있었으며(왕상 7:49), 등대 하나에 등잔이 7개씩 있었으니 등잔이 모두 70개였다. 성전의 등대는 하나님의 구원의 빛이다. 70개의 등잔은 온 세상에 있는 모든 민족에게 하나님의 구원의 빛을 밝히라는 뜻이다. 예수께서 70명의 제자들을 파송하신 것도 같은 이유라고 할 수 있다. 이렇듯 10과 70이라는 숫자는 구원과 관련한 중요한 메시지를 담고 있다.

70이라는 수는 10과 7의 결합인데, 10 곱하기 7 하면 70이요, 10 더하기 7 하면 17이 된다. 17이라는 수는 요한복음 21장에 베드로가 잡은 물고기 153마리(요 21:11)의 감춰진 숫자다.

1 + 2 + 3 + 4... + 17, 이렇게 1부터 17까지를 더하면, 153이라는 숫자가 나오기 때문이다. 베드로가 잡은 물고기 수가 153마리라는 것은 베드로에게 땅 끝까지 이르러 세상 모든 민족에게 주님의 복음을 증거해야 할 사명이 있음을 깨닫게 해주는 것이다.

CHAPTER 5

노아의 시대상

 사람이 땅 위에 번성하기 시작할 때에 그들에게서 딸들이 나니 하나님의 아들들이 사람의 딸들의 아름다움을 보고 자기들의 좋아하는 모든 여자를 아내로 삼는지라 여호와께서 이르시되 나의 영이 영원히 사람과 함께하지 아니하리니 이는 그들이 육신이 됨이라 그러나 그들의 날은 백이십년이 되리라 하시니라 당시에 땅에는 네피림이 있었고 그후에도 하나님의 아들들이 사람의 딸들에게로 들어와 자식을 낳았으니 그들은 용사라 고대에 명성이 있는 사람이었더라 여호와께서 사람의 죄악이 세상에 가득함과 그의 마음으로 생각하는 모든 계획이 항상 악할 뿐임을 보시고 땅위에 사람 지으셨음을 한탄하사 마음에 근심하시고 이르시되 내가 창조한 사람을 내가 지면에서 쓸어버리되 사람으로부터 가축과 기는 것과 공중의 새까지 그리하리니 이는 내가 그것을 지었음을 한탄함이니라 하시니라 그러나 노아는 여호와께 은혜를 입었더라 이것이 노아의 족보니라 노아는 의인이요 당대에 완전한 자라 그는 하나님과 동행하였으며 세 아들을 낳았으니 셈과 함과 야벳이라 그 때에 온 땅이 하나님 앞에 부패하여 포악함이 땅에 가득한지라 하나님이 보신즉 땅이 부패하였으니 이는 땅에서 모든 혈육 있는 자의 행위가 부패함이었더라(창 6:1-12)

하나님께서 본래 창조하신 세계는 참으로 아름다운 환경이었지만, 인간의 죄로 인해 창조의 세계가 더럽혀지기 시작했다. 노아의 시대에는 온갖 흉악한 일들이 벌어졌는데, 하나님의 아들들이 자기들이 좋아하는 대로 사람의 딸들을 아내로 삼음으로 거인들이 태어났을 뿐만 아니라 죄악도 극에 달했다.

'하나님의 아들'이라는 말은 구약에서 '천사'를 가리키는 말이다(욥 1:6; 단 3:25). 그래서 헬라어역본인 70인역(LXX)에서도 창세기 6장 2절의 '하나님의 아들들'을 '하나님의 천사들'이라고 번역하였다. 그러나 여기서 중요한 것은 이들은 타락한 천사들이라는 것이다. 이들은 악한 영들로 어둠의 세상권세를 주관하며 인간으로 하여금 하나님께 불순종하게 만드는 자들이다.

> 그때에 너희는 그 가운데서 행하여 이 세상 풍조를 따르고 공중의 권세잡은 자를 따랐으니 지금 불순종의 아들들 가운데서 역사하는 영이라(엡 2:2)

유대인들의 미드라쉬(midrash)는 타락한 천사 가운데 하나인 '아사셀'에 대한 이야기를 하고 있다. 미드라쉬는 분명한 의미를 밝히지 않은 성경본문들에 대해 유대인들이 해석 및 주석을 한 것으로, 성경본문에 대한 유대적인 사고를 엿볼 수 있다. 미드라쉬에 따르면, 타락한 천사 아사셀은 자기만 하나님을 대적하는 것이 아니라 어떻게 하든지 사람들이 하나님을 반역하고 살도록 온갖 방법을 다 동원하였다. 그래서 아사셀은 죄를 좋아하고 인간으로 하여금 죄를 짓게 하는 존재의 상징이 되었다.

해마다 대속죄일에는 대제사장이 두 마리의 양들을 놓고 제비를 뽑는데, 한 마리는 하나님을 위하여 번제로 드리고 그 피를 지성소에 뿌림으로써 온 이스라엘 백성들의 죄사함을

공룡화석과 함께 발견된 거인의 발자국

받도록 하고, 다른 한 마리는 아사셀 양이라 하여 예루살렘 성 밖 광야로 나아가 죽게 만든다.

대제사장이 아사셀 양에게 "네가 죄짓게 하였으니 네가 그 죄를 도로 맡아라. 죄를 좋아하는 타락한 천사야! 네가 도로 우리의 죄를 가지고 가라"고 안수하였다. 사람들은 아사셀 양을 끌고 성 밖으로 나갈 때에 "가지고 가라! 가지고 가라"

(take and go! take and go!)라고 외쳤다.

고생물학(paleontology)에서 가장 놀라운 것 중에 하나는 현존하는 생명체들의 조상들이 이전에는 거대하였다는 것이다. 대격변이 일어나기 이전에는 지구상에 거대한 맘모스와 공룡들이 존재하였다. 세계 도처에 공룡의 발자국과 인간의 발자국이 동시에 발견되었으며, 가장 큰 사람의 발자국은 길이가 68cm나 된다. 거대한 동물들이 살기 위해서는 최소한 두 가지 조건이 필요하다. 첫째, 거대한 동물들은 온도 변화에 약하기 때문에 기후의 변화가 심하지 않아야 하고, 둘째, 풍부한 식물이 있어야 하는데, 노아 홍수 이전의 환경은 이런 조건을 만족시켜 준다.[3]

---

[3] 공룡의 멸망에 대해 가장 정설로 받아들여지고 있는 것은 '운석충돌설'이다. 오랜 옛날 우주로부터 지름이 몇 km에 이르는 엄청난 크기의 운석이 떨어져 그 영향으로 공룡이 멸망했다는 것이다. 그 운석이 지구와 충돌할 때 생긴 열과 먼지 등으로 인해 지구 전체가 뒤덮이고 그에 따라 온도도 낮아졌을 거라고 한다. 수년간 그런 현상이 지속됨에 따라 덩치가 컸던 공룡들은 멸망하고 말았다. '운석충돌설'의 가장 큰 근거는 공룡화석이 발견되고 있는 지방 근처에 이리듐이라는 특수물질이 많이 발견되는데 이 물질은 운석에 많이 함유되어 있기 때문이다. 이리듐은 땅에서는 발견되지 않고 우주에서 날아온 운석이나 지구의 땅 속 깊은 곳에 있는 것이다. 그러나 화산이 폭발할 때 나오는 화산재에도 이와 같은 이리듐이 많이 함유되어 있다.

아담과 하와가 가인과 아벨을 낳은 이후 인구가 늘어나기 시작하였다. 비록 가인이 아벨을 죽이기는 하였지만, 하나님은 가인의 후손들이 번성하도록 하였다. 창세기 4장에 있는 가인의 족보가 그 증거이다. 그리고 아벨을 대신하여 태어난 셋의 후손도 번성하기 시작하였다. 창세기 5장의 족보에 있는 사람들의 평균 수명이 900살로, 족보에는 10명밖에 언급되어 있지 않지만, 대홍수가 일어날 때까지 1,656년 동안 인구가 기하급수적으로 늘어났다. 그러나 사람들이 늘어날수록 죄악도 번성하였다. 하와의 눈으로 들어와 아담의 입으로 이어진 선악과 사건 후 가인은 아벨을 죽였으며, 온 인류는 죄악으로 가득찼다.

그렇지만 노아는 하나님께 은혜를 입었다. "노아는 하나님께 은혜를 입었더라"(창 6:8)는 말씀에서 '은혜'라는 단어가 성경에 처음으로 등장한다. 노아에 관한 말씀인 창세기 6:8-9은 구원에 이르는 단계에 대한 진리를 가르쳐 준다.

그러나 노아는 여호와께 은혜를 입었더라 이것이 노아의 족보니라 노아는 의인이요 당대에 완전한 자라 그는 하나님과 동행하였으며(창 6:8-9)

첫째, 노아는 은혜를 입었다. 은혜는 구원의 근거이다. 은혜 받은 사람이 구원을 받는다. 회개도 마찬가지다. 회개는 구원의 첫번째 단계라고 할 수 있는데, 회개는 죄지은 사람이 하는 것이 아니라 은혜 받은 사람이 하는 것이다.

둘째, 노아는 의인이라는 말은 하나님께 은혜를 입음으로 의롭게 여김을 받았다는 뜻이다. "하나님께서 의롭게 여겨주셨다"는 말을 신학적으로 칭의(Justification)라고 한다.

셋째, 노아는 당대에 완전한 자라는 말은 하나님의 은혜로 의롭다 여김을 받음으로 구원받은 존재가 되었다는 뜻으로, 결국 노아는 하나님과 동행하는 거룩한 삶을 살게 되었다는 뜻이다. 이렇듯 구원은 하나님의 은혜로 시작하며, 의롭다 칭함을 받고 구원받은 존재로서 거룩한 삶을 사는 것이다.

이것은 존 웨슬리(John Wesley)가 말한 〈회개-칭의-성화-그리스도인의 완전〉이라는 구원의 단계와도 일치한다.

"하나님과 동행한" 노아는 하나님의 말씀에 전적으로 순종하여, 그 말씀대로 다 행하였다. 창세기 6-9장에 "노아가 하나님이 자기에게 명하신 대로 다 준행하였더라"는 말이 네 번이나 나온다(창 6:22; 7:5, 9, 16).

노아도 분명 죄를 짓는 한 인간이다. 그러나 그는 하나님의 약속을 믿었으며 하나님의 은혜를 입었고, 그의 말씀에 순종하여 그 말씀대로 행했다. 노아의 이름은 '안식'이라는 뜻을 갖고 있다. 아버지 라멕은 노아를 안식을 주는 자로 여겼다. 노아의 이름은 오실 자이신 그리스도에 대한 예표이다.

그 날에 이새의 뿌리에서 한 싹이 나서 만민의 기치로 설 것이요 열방이 그에게로 돌아오리니 그 거한 곳(안식)이 영화로우리라(사 11:10)

수고하고 무거운 짐진 자들아 다 내게로 오라 내가 너희를 쉬게 하리라(마 11:28)

노아와 대제사장

구약의 이스라엘에서 대제사장 제도는 출애굽시대에 아론의 후손으로부터 시작되었다(출 27:21; 28:4-43). 아론은 초대 대제사장이었다. 그러나 아론 이전에도 대제사장이 있었는데, 아브라함 때에 살렘왕이었던 멜기세덱이었다(창 14:18). 멜기세덱은 메시야적인 제사장의 예표가 되었다(시 110:4; 히 7:1-4).

그러나 노아는 멜기세덱 이전에 대제사장의 역할을 한 사람이라고 할 수 있다. 노아와 대제사장을 비교하면 몇가지 공통점을 발견할 수 있다.

1. 대제사장은 해마다 7월 10일 속죄의 피를 갖고 지성소로 들어가 온 이스라엘 백성들의 죄사함을 받도록 한다. 이 날을 대속죄일이라고 한다. 7월 1일은 새해의 첫 번째 날로, 유대인들은 이 날 세상이 창조되었다고 믿는다. 새해가 시작되었음을 알리기 위해 제사장이 나팔을 분다고 해서 이날을 나팔절이라고 한다. 7월 10일은 세상이 창조된 지 10일째 되는 날이다. 노아는 천지창조와 함께 창조된 아담의 10대손이다.

2. 대제사장이 지성소의 법궤 위에 피를 바름으로 이스라엘 백성들이 새해 새출발을 하였다면, 노아는 방주의 안팎에 역청을 발라 대홍수를 예비함으로 인류의 새로운 역사가 시작되도록 하였다.

3. 대제사장이 광야에 풀어 죽게 한 아사셀 양은 유대인들의 미드라쉬에 따르면, 노아 때에 타락한 천사의 이름으로 인간들 사이에서 하나님을 배반하도록 한 미혹의 영이다.

CHAPTER 6

방주의 재료와 구조

    하나님이 노아에게 이르시되 모든 혈육 있는 자의 포악함이 땅에 가득하므로 그 끝 날이 내 앞에 이르렀으니 내가 그들을 땅과 함께 멸하리라 너는 고페르 나무로 너를 위하여 방주를 만들되 그 안에 간들을 막고 역청을 그 안팎에 칠하라 네가 만들 방주는 이러하니 그 길이는 삼백 규빗, 너비는 오십 규빗, 높이는 삼십 규빗이라 거기에 창을 내되 위에서부터 한 규빗에 내고 그 문은 옆으로 내고 상 중 하 삼층으로 할지니라 내가 홍수를 땅에 일으켜 무릇 생명의 기운이 있는 모든 육체를 천하에서 멸절하리니 땅에 있는 것들은 다 죽으리라 (창 6:13-17)

노아는 방주를 만들 때에 자기가 원하는 대로 설계하고 자기 계획대로 한 것이 아니었다. 하나님께서 노아에게 방주의 크기와 모양, 재료 등에 대해서 구체적으로 말씀하셨다. 이렇듯 성경에는 하나님께서 친히 설계하신 것이 있는데, 노아의 방주와 모세의 성막, 그리고 솔로몬 성전이었다. 교회도 마찬가지다. 교회는 믿음의 사람들이 모인 구원의 공동체로써 하나님의 뜻에 따라 조직되고 운영되어야 한다. 교회뿐만 아니라 우리의 가정, 우리의 삶 자체를 하나님의 인도하심에 맡기는 믿음을 가져야 한다.

1. 방주의 크기

노아의 방주는 길이가 300 규빗, 넓이가 50 규빗, 높이가 30 규빗이라고 하였다. 여기서 규빗은 이스라엘과 중동지역에서 길이의 척도로 쓰이는 단위로, 어른의 팔꿈치에서 손끝까지의 길이를 말한다. 그러나 지역에 따라 규빗의 길이에 차이가 있었다.

1) 이집트 규빗

이집트에서 공식적인 단위로 쓰이는 규빗은 짧은 규빗

(44.7cm)과 긴 규빗(52.5cm), 이 두 가지가 쓰였다. 히스기야 왕이 뚫었다는 터널에서 실로암 비문이 발견되었는데, 이곳에 실로암 터널의 길이가 1,200 규빗이라고 쓰여져 있다. 실로암 터널의 실제 길이를 측정해 보니 533m여서 히스기야 당시(대하 32:4)에 사용하였던 규빗이 대략 44.5cm로 이집트의 짧은 규빗에 해당된다는 사실을 알게 되었다.

2) 히브리 규빗

구약의 이스라엘 사람들은 이집트인들과 바빌론인들처럼 두 가지 규빗을 사용했다. 일반적이고 오래된 규빗(신 3:11; 대하 3:3)과 팔 길이에 해당하는 규빗(겔 40:5; 43:14)이다. 통상적인 히브리 규빗은 44.7cm이고, 긴 규빗은 52.5cm인데 이집트의 공식적인 규빗과 일치한다.

상업에서 쓰이는 일상적인 규빗은 짧은 규빗인데, 40.6cm에서 45.7cm 내외로 다양하게 측정되었다. 그러나 실로암 비문과 팔레스틴에 있는 무덤들의 증거는 45cm가 1규빗의 평균적인 길이였음을 가르쳐 준다.

방주의 척도에 대부분의 학자들이 동의하는 것처럼 짧은 규빗이 사용되었다면, 방주의 크기는 길이와 넓이, 그리고 높이가 대략 135m × 23m × 14m로 총면적이 43,200m^{3}가 된

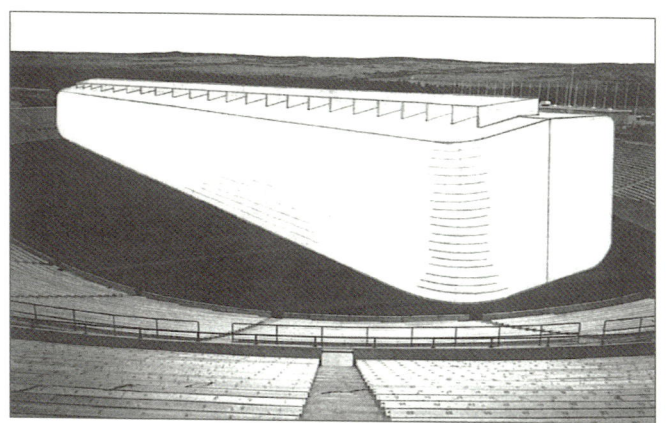

노아의 방주를 스타디움과 비교하면, 그 길이가 축구장의 약 1.5배 크기에 해당한다.

다. 이것은 축구장보다 약 1.5배의 길이에 폭은 축구장보다 약간 작고, 높이는 4-5층 건물로 배수량 13,960톤의 거대한 상자같은 배인 셈이다.

 노아의 방주는 통상적인 배가 아니라 외형은 바지선 모양의 거대한 상자(ark)였으며, 내부는 상·중·하, 삼층으로 되어 있었다. 노아의 방주는 수면에서 이동하거나 속력을 내는 것에 초점을 맞춘 것이 아니라, 안정성에 초점을 맞추어 설계된 것이었다. 그래서 노아의 방주에는 방향타나 노가 없고 닻도 없었다. 이렇듯 방주는 단지 물에 뜨기만 할 뿐, 방향을 조정하는 것이 불가능하였기에 노아는 모든 것을 하나님의 인도하심에 맡겼다. 그러나 노아의 방주는 대홍수 속에서 전복되거나 침몰하지 않았다.

노아의 방주는 배의 길이가 높이의 10배, 폭의 6배에 해당하는 비율을 갖고 있는데, 이런 배는 바다 위에 떠있는 배 중에 가장 이상적인 배라는 것이 과학적으로 증명되었다. 많은 이들이 성경과 과학이 서로 상충된다고 주장하면서 성경 속에서 과학적 오류를 찾아내어 밝히는 것이 자신들의 지식인 양 자랑하지만, 성경은 당시의 다른 고대 문헌들과 비교하여 보았을 때 가장 과학적이고 역사적인 기록이라고 할 수 있다.

창세기 7:20에 홍수 때 물이 불어 가장 높은 산들의 위로 15규빗에 이르렀다고 기록되어 있는데, 방주가 물의 흐름에 따라 어느 곳으로든지 자유로이 떠다녔음을 생각할 때, 짐을 실은 방주의 흘수(吃水: 물에 잠긴 배의 아래 부분의 깊이)가 15규빗임을 나타내는 것 같다. 방주가 이러한 깊이로 다녔을 경우 아르키메데스의 원리에 따라 방주의 무게는 배제된 물의 무게와 동일한 부력을 받게 되었을 것이다. 폭 50규빗에 15규빗의 흘수를 갖는 30규빗의 높이를 지닌 방주는 큰 파도와 격렬한 비바람에도 안정성을 유지할 수 있었을 것이다.

1844년 영국 조선소에서 세계 최초로 철갑으로 된 증기선 브리튼 호를 만들었는데, 그때 노아의 방주와 같은 비율을 적용하였다고 한다. 미국의 저명한 조선건축가 디키씨도 미국 전함 USS 오레곤 호를 설계할 때 노아의 방주와 동일한 설계 비율을 사용하였다.

　영국 조선술 1천년의 결정체라 할 수 있는 최초의 철갑선을 노아의 방주 비율에 맞추었다는 것은 노아의 방주가 어떤 풍랑에도 전복되지 않는 최고의 비율임을 증명하는 것이다. 이렇듯 온 우주 만물의 창조자이신 하나님은 최고의 과학자요, 대홍수 가운데에서 침몰하지 않은 배를 설계하신 최고의 건축가이시다.

2. 방주의 재료

1) 고페르 나무

　하나님은 방주를 고페르 나무로 짓도록 하셨다. 성경에 의하면 방주는 고페르 나무, 성막은 조각목, 성전은 백향목이었다. 나무는 잘라져야 했다. 살아있는 나무가 잘려져 죽음으로써 방주의 재료가 되었다. 흠없고 산 동물이 죽어 하나님의 제물이 되었다.

그러므로 형제들아 내가 하나님의 모든 자비하심으로 너희를 권하노니 너희 몸을 하나님이 기뻐하시는 거룩한 산 제물로 드리라 이는 너희의 드릴 영적 예배니라(롬 12:1)

방주의 재료인 고페르 나무는 히브리 원어인 '고페르'(gopher)를 그대로 한글로 음역한 것으로 성경에 한번밖에 나오지 않는다. 히브리어 '고페르'(gopher)가 정확하게 어떤 나무를 가리키는 것인지 명확하지 않기 때문에, 영어의 흠정역(King James Version)이나 새흠정역(New King James Version)에서는 그냥 히브리어를 음역하여 'gopher wood'라고 하였다. 우리말 성경에서도 처음에 개역성경에서는 잣나무라고 했다가, 개역개정성경에서 그대로 히브리어를 음역하여 '고페르 나무'라고 하였다.

현대 영어번역들은 대부분 '싸이프러스'(cypress)라고 번역하였지만, 아주 미약한 증거를 토대로 한 것이라 잘못된 번역일 가능성이 있다. 일부 학자들은 싸이프러스를 뜻하는 헬라어 '쿠파리소브'(*kuparissov*)가 히브리어 고페르(gopher)에서 왔다고 주장한다. 헬라어에서 '이소브'(*issov*)를 빼면,

'쿠파르'(*kupar*)와 '고페르'(gopher)가 유사한 음을 갖고 있다고 보는 것이다. 또 하나의 가정은 싸이프러스 나무가 크고 강할 뿐만 아니라, 홍수 이후 노아의 방주가 머물렀다는 아라랏산을 중심으로 갈대아와 아르메니아에 풍부하게 자라고 있다는 것이다. 이 나무는 방수성이 아주 강하면서 자연적인 수분을 함유하고 있어, 중국의 명나라나 청나라에서 정크선과 같은 목조선을 건조할 때 사용되었다.

그 외에 소나무, 백향목 등으로 이해하기도 한다. 우리말 개역성경에서는 잣나무라고 번역하였는데, 잣나무는 우리나라 고산지대에서 자라는 가장 크고 견고한 좋은 나무이다. 방주에 쓰인 나무가 이렇게 다양한 이름으로 번역된다는 것은 그 나무가 정확하게 어떤 나무인지 분명하게 알 수 없기 때문이다. 그렇지만 어쨌든 방주를 만들기에 가장 좋고 견고한 나무를 사용하였을 것이다.

2) 역청

노아는 방주 안으로 물이 새어 들어오지 못하도록 안팎으로 역청을 칠했다. 노아의 방주에 칠한 역청은 구약의 다른 곳에서 나오는 역청과 달랐는데, 이 역청은 온 세상에 가득한 심판의 물이 방주 안으로 들어오지 못하도록 막아주는 역할을 했다.

구약의 다른 곳에 나오는 역청은 코올타르를 가열·증류할 때 남겨지는 검은색의 아교와 같은 끈적끈적한 물질로써 아스팔트와 유사한 물질이다. 오늘날 역청은 석유나 석탄으로부터 만들어지는데, 비판론자들은 노아 당시에 석유나 석탄이 발견되지 않았을 것임으로 노아가 역청을 어디에서 구했느냐고 한다.

그러나 노아가 방주에 칠한 역청은 달랐다. 역청은 나무를 가열하거나 증류할 때도 만들어진다. 역청은 울창한 숲에서 나무의 송진을 채취하면서 시작된다. 비스듬히 홈을 파 송진이 흘러내리게 한 후 나무 밑에 용기를 두어 채취한다. 송진 채취는 지금도 폴란드, 우크라이나, 러시아, 핀란드 등에서 이루어지고 있다. 송진채취가 끝난 후 나무를 잘게 잘라 흙으로 덮은 후 천천히 태워 숯을 만든다. 역청을 만드는 마지막 단계는 송진을 끓이면서 숯가루를 배합하는 것이다. 이렇게 만들어진 역청은 대양을 항해하는 목조선박의 방수를 위해 칠해졌다.

노아가 방주에 물이 들어오는 것을 막기 위해 안팎으로 칠한 역청은 히브리어 원어로 코페-르(kopher)이다. 히브리어 원어인 '코페르'의 다른 뜻이 있는데, 그것은 '속죄'

(atonement)이다. '코페-르'(kopher)의 동사형은 '카파-르'(kaphar)인데, '덮는다'(to cover)라는 뜻을 갖고 있으며, 이것은 '구속하다'(atonement)는 말과도 같은 단어이다. 구속이란 "죄를 덮어 가린다"(cover over the sin)는 뜻으로 역청과 구속은 똑같이 '덮는 것'(covering)이라는 의미를 갖고 있다.

아가서 1:14에 "나의 사랑하는 자는 엔게디 포도원에 고벨화 송이로구나"는 말씀에서 '고벨화'도 '역청'이나 '속죄'를 가리키는 단어인 '코페르'를 그대로 한글로 음역한 것이다.

고벨화는 화장품의 재료로 쓰이는 꽃이다. 꽃잎을 말려 곱게 빻아 만든 것이 고벨화분인데, 영어로는 헨나 파우다(Henna powder)라고 한다. 이 고벨화분으로 메니큐어나 염색약을 만들기도 하고, 손등에 아름다운 꽃무늬 장식을 하기도 한다. 이집트 여왕 클레오파트라도 고벨화로 만든 화장품을 사용하였다고 한다. 화장품은 얼굴을 덮어 얼굴에 있는 잡티나 주근깨 등을 가려 주어 아름답게 꾸미는 것이다. 역청이 방주의 나무를 덮고, 속죄가 피로 죄를 덮는 것이라면, 화장품은 얼굴을 덮는 것으로 모두 '덮는다', '가려준다'는 공통점을 갖고 있다.

성막과 성전에서는 속죄의 피를 발라 죄악으로 인한 심판의 물결이 들어오지 못하도록 막았다. 노아의 방주에 역청을 발랐다면, 법궤에는 속죄의 피를 발랐다. 방주와 법궤는 모두 영어로 ark(상자)라고 하는데, 이것은 둘 다 구원의 상자이기 때문이다. 그러므로 역청과 속죄의 피는 의미상 같은 뜻을 갖고 있다. 여기에서 '화해하다'(reconcile), '용서하다'(forgive)는 뜻으로까지 발전하였다.

오늘 온 세상에 가득한 죄악의 물결이 우리 안에 들어오지 못하도록 막고 있는 것은 십자가에서 흘리신 예수의 보혈이다. 예수의 십자가는 우리를 구원할 방주요 예수의 피는 속죄의 피이다. 안팎을 역청으로 감싼 방주가 온전한 것처럼, 교회는 예수의 보혈로 감싼 곳이다. 교회는 예수께서 우리의 죄를 속죄피로 감싸주듯 서로 감싸주고 용납하는 사랑의 역청으로 하나가 된 믿음의 공동체다.

하나님은 마냥 기다리는 분이 아니라는 것을 선포하셨다. 그러나 하나님은 피할 길을 만드시고, 심판을 내리셨다. 하나님의 진노는 온 세상에 임하였지만, 하나님을 믿는 사람들에게는 방주에 안전히 거하여 구원함을 받도록 계획하셨다. 방주는 하나님의 진노의 대홍수를 견뎌냈고 거대한 물줄기와 폭풍우를 이겼다.

3. 방주의 구조

거기에 창을 내되 위에서부터 한 규빗에 내고 그 문은 옆으로 내고 상 중 하 삼층으로 할지니라(창 6:16)

1) 위에 난 창

노아의 방주는 위에 창을 내도록 하였는데, 햇빛을 받고 방주 안의 공기를 순환시키는 기능을 한 것으로 보인다. 어떻게 창을 내었는지 분명하게 알 수 없지만, 아마도 지붕에 1규빗 정도 되는 창을 연이어 내었을 것으로 보인다. 방주 안에서는 오직 창을 통해서 위를 볼 수 있었다.

위엣 것을 생각하고 땅엣 것을 생각하지 말라(골 3:2)

2) 하나의 문

방주로 들어가는 문은 하나였다. 하나님은 방주의 문은 옆으로 하나만 만들라고 하셨다. 오직 하나의 문만이 방주로 들어가는 통로였다. 성막도 마찬가지이다. 이 문을 영적으로 본다면, 문은 "나는 문이다"고 하신 예수를 의미한다. 예수께서는 요 14:6에서 "내가 곧 길이요 진리요 생명이니 나로 말미암지 않고는 아버지께로 올 자가 없느니라"고 하셨다.

방주의 문은 옆으로 내라고 하나님이 명령하셨다. 앞에 문을 내지 않고 뒤에 내지도 않았다. 옆에 냈다. 문이신 예수는 하나님 옆에 계신 분이다. 스데반이 순교 당하며 하늘을 보니 예수님이 하나님 우편 옆에 계신 것을 보았다(행 7:55). 방주를 하나님에 비유한다면, 방주 옆에 있는 문은 하나님 우편에 계신 예수에 비유할 수 있다.

3) 3층 구조

방주는 하나이지만 내부를 보면 상·중·하 삼층으로 되어 있다. 방주 안은 곧 예수 안에 있는 나의 모습이다. 인간도 마찬가지다. 인간은 한 몸으로 되어 있지만, 내부를 보면 영과 혼, 그리고 육으로 되어 있다. 빛도 마찬가지다. 빛은 하나이지만, 프리즘에 비추어보면 빨주노초파남보 일곱 무지개 색깔이 보인다. 이와 같이 믿음도 하나이지만, 믿음에도 다양한 단계가 있음을 알 수 있다. 일찍이 초대 교회 교부들도 방주를 통해 믿음의 단계가 있음을 알 수 있다고 은유적으로 해석하였는데, 노아의 방주가 3층으로 되어 있듯이, 믿음에도 회개와 칭의, 그리고 성화라는 가장 기본적인 구원의 세 단계가 있다.

하나님의 설계에 따라 방주와 성막, 그리고 성전은 모두 세 구조로 되어 있다. 방주는 위·아래 3층으로 구분되어 있으며, 성막과 성전은 뜰과 성소 그리고 지성소로 구분되어 있다. 방주가 내부를 3층으로 나누어 각 층마다 어떻게 사용하였는지는 성경에 언급되어 있지 않아 구체적으로 알 수 없다. 그러나 노아가 창문을 열어 새를 내보냈다는 말씀에 따라 맨 윗층에 사람과 날 짐승들이 있었고, 1층과 2층에 나머지 동물들을 나누어 실었을 것이라 추측할 수 있다. 초대교회 교부인 오리게네스는 동물들을 나누어 서로 다른 방에 둔 것을 성도들의 다양한 영적인 단계에 비유하였다.

성막과 성전도 셋으로 구분되는데 뜰에는 번제단과 물두멍이 있고, 성소에는 등대와 떡상 그리고 분향단이 있다. 그리고 가장 거룩한 장소인 지성소 안에는 법궤와 속죄소가 있으며, 지성소와 성소는 휘장으로 구별되어 있다.

속죄소는 법궤의 뚜껑 양쪽에 두 천사가 서로 날개를 마주하고 아래를 보고 있는데, 천사들이 보고 있는 법궤 위가 속죄소로 하나님께서 인간과 만나주시겠다는 장소이다. 우리의 믿음이 여기까지 나아가야 한다.

구약시대에는 오직 대속죄일에 대제사장만이 휘장을 열고 법궤위 속죄소가 있는 곳으로 들어 올 수 있었지만, 예수께서 십자가 위에서 죽으심으로 휘장이 위에서 찢어져 누구든지 하나님의 보좌 앞으로 나아갈 수 있는 구원의 길이 열리게 되었다.

   대제사장이 속죄의 피를 갖고 지성소로 들어갈 때는 휘장을 아래서 열고 들어갔다. 그래서 대제사장이 들어가고 나면 휘장은 저절도 닫힌다. 그러나 휘장이 위에서 아래로 찢어지면 다시는 닫히지 않는다. 더이상 사람의 손으로 휘장을 열 필요가 없다. 그러므로 우리들은 인간의 공로가 아니라 예수의 십자가 보혈에 대한 믿음을 통해 하나님의 보좌 앞으로 나아갈 힘을 얻었다.

   그러므로 형제들아 우리가 예수의 피를 힘입어 성소에 들어갈 담력을 얻었나니 그 길은 우리를 위하여 휘장 가운데로 열어 놓으신 새로운 살 길이요 휘장은 곧 그의 육체니라(히 10:19-20)

방주의 재료와 우리 말 성경의 식물명칭

개역성경에서 방주에 쓰인 나무를 잣나무라고 번역했던 이유는, 우리나라의 고산지대에서 나는 나무 중에서 가장 견고하고 튼튼하여 배를 만들기에 좋은 나무가 잣나무이기 때문이었다. 잣나무는 홍송이라고 하는데, 해발고도 1,000m 이상에서 자라는 높이 20-30m, 지름 1m의 거목이다. 잣나무를 중국인들은 신라송이라고 하고, 영어로는 Korean pine tree(한국 소나무)라고 한다.

잣나무의 영문 이름에서 알 수 있듯 잣나무는 우리나라에서 자라는 나무로 노아의 방주에 쓰인 재료와 직접적인 관계가 없을 것이다. 그러나 잣나무가 목재로써 가장 질이 좋고 견고한 나무라는 한국인의 정서에 맞추어 노아의 방주에 쓰인 '고페르 나무'를 잣나무라고 번역한 것이다.

이렇듯 우리 말 성경으로 번역할 때에 특별히 우리나라에 없는 식물의 명칭은 고벨화(아 1:14)나 로템나무(왕상 19:4-5)처럼 히브리어 명칭을 그대로 우리 말로 음역하든지, 아니면 우리나라 사람들이 이해하기 쉬운 식물명칭으로 바꾸어 번역하였다. 대표적인 예가 살구나무이다(출 25:33-34). 성경에 나오는 살구나무는 본래 아몬드 나무인데, 성경이 번역될 당시 우리나라에는 아몬드가 없기 때문에 그와 유사한 살구나무로 번역한 것이다.

CHAPTER 7

방주에 들어간 생명들

그러나 너와는 내가 내 언약을 세우리니 너는 네 아들들과 네 아내와 네 며느리들과 함께 그 방주로 들어가고 혈육 있는 모든 생물을 너는 각기 암수 한 쌍씩 방주로 이끌어 들여 너와 함께 생명을 보존케 하되 새가 그 종류대로, 가축이 그 종류대로, 땅에 기는 모든 것이 그 종류대로, 각기 둘씩 네게로 나아오리니 그 생명을 보존하게 하라 너는 먹을 모든 양식을 네게로 가져다가 저축하라 이것이 너와 그들의 먹을 것이 되리라 노아가 그와 같이 하여 하나님이 자기에게 명하신 대로 다 준행하였더라(창 6:18-22)

여호와께서 노아에게 이르시되 너와 네 온 집은 방주로 들어가라 네가 이 세대에 내 앞에 의로움을 내가 보았음이니라 너는 모든 정결한 짐승은 암수 일곱씩, 부정한 것은 암수 둘씩을 네게로 데려오며 공중의 새도 암수 일곱씩을 데려와 그 씨를 온 지면에 유전하게 하라 지금부터 칠 일이면 내가 사십 주야를 땅에 비를 내려 나의 지은 모든 생물을 지면에서 쓸어 버리리라. 노아가 여호와께서 자기에게 명하신 대로 다 준행하였더라(창 7:1-5)

하나님은 노아의 여덟식구에게 방주 안으로 들어가라고 하셨다. 한문에 배 선(船)자를 보면, 방주 주(舟) + 여덟 팔(八) + 입 구(口)로 되어 있어서 "배에 여덟 명의 사람이 있다"는 뜻으로 해석이 가능하다. 그래서 미국의 병리학자 넬슨(E. R. Nelson) 박사는 한자의 기원에 창세기의 내용이 담겨 있다고 주장하면서 많은 한자들을 연구하였다. 한자의 기원이 약 주전 2,500년경으로 알려져 있고, 그

이후 4,500년 동안 변함없이 보존되어 오고 있다.

중국에도 홍수 전설이 있는데, 대홍수를 극복함으로 이름을 떨친 선조의 이름이 '누와'로 '노아'와 비슷한 음을 갖고 있다. 그리고 고대 중국인들이 섬겼던 유일신인 '상제'(上帝)는 중국어로 '샹다이'(Shangdai)라고 하는데, 구약성경에 나오는 전능하신 하나님인 '엘 샤다이'(El Shaddai)와 발음이 비슷하다.

노아는 방주에 들어가도록 초대를 받았다. "들어가라"(come)는 말이 성경에서 여기에 처음으로 나온다. 그리고 전체 성경에서 5백번 이상 나온다. 원어로 보면 '가라'(go)가 아니라 '오라'(come)이다. '가라'(go)는 명령이지만, '오라'(come)는 초대이다.

그리고 방주 안에 지구상에 있는 동물들을 넣어서 하나님이 창조하신 동물을 보호하라고 하셨다. 하나님께서 노아에게 명하실 때 처음에는 모든 동물들을 암수 한쌍씩 방주에 넣으라(창 6:18-22)고 하셨다가, 그 다음에 정한 동물은 7쌍씩 데려오고 부정한 동물은 두 쌍씩 방주 안에 넣으라(창 7:1-5)고 말씀하셨다. 그리고 노아는 처음의 명령과 두 번째 명령을 다 하나님께서 자기에게 명한대로 행하였다(창 6:22과 7:5).

여기에 두 가지 중요한 논쟁점이 있다.

첫째, 다윈은 1831년부터 약 5년간 영국 군함 비글호를 타고 세계를 일주하면서 세계에 있는 수 많은 동물들이 다 한쌍씩 노아의 방주에 들어 갈 수 없다는 의문을 갖게 되었고, 이러한 생각이 자연도태설이란 논리를 통해 진화론으로 발전하게 되었다. 이로 인해 오늘날 많은 사람들이 진화론이 과학적이고 창조론은 비과학적인 것처럼 주장하고 있다. 그리고 천문학자들이 별빛들의 관측을 통해 지구의 역사가 성경에 기록된 연대보다는 훨씬 오래되었다는 사실을 밝혀내 수십억 혹은 수백만년의 세월 동안에 서서히 진화되어 오늘에 이르렀다는 주장을 뒷받침해 주고 있다. 그러나 진화론도 하나의 주장에 불과할 뿐 과학적으로 많은 오류를 갖고 있다는 것이 밝혀지고 있다.

둘째, 방주에 들어간 생명의 수가 한 곳에서는 한 쌍씩으로, 다른 곳에서는 정결한 것은 일곱 쌍씩, 부정한 것은 두 쌍씩으로 되어 있는데, 성서학자들은 19세기부터 '문서설'이라는 가설을 통해 원래 서로 다른 두 개의 자료가 하나로 결합되었기 때문이라고 보고 모세오경 전체를 분해하고 분석하여 왔다.

성경을 분석하여 서로 다른 자료들을 밝혀내는 것은 의학에 있어서 해부학적인 지식에 비유할 수 있다. 해부학이 몸 안에 있는 다양한 뼈들을 분석하고 분해함으로써 인간의 신체 구조를 밝히는 것처럼, 성경본문의 해부학적 분석을 통하여 성경 내에 다양한 문학형태의 자료들이 결합되어 있고, 그것이 오랜 기간에 걸쳐서 이루어졌다는 것을 밝혀냈다.

그러나 중요한 것은 해부학이 인체의 뼈들을 분석해 그것들을 마디마디 헤쳐 놓는 것이 본래의 목적이 아니라는 것이다. 그것은 생명을 가진 인간의 모습이 아니기 때문이다. 이와 마찬가지로 성경의 다양한 자료들을 조각조각 잘라내어 흩어놓는 것이 성경을 연구하는 궁극적인 목적일 수 없다. 해부학의 궁극적인 목적이 인간의 생명을 구하는 데에 있는 것처럼, 성경에서 다양한 자료들이 어떻게 서로 결합되어 어떤 유기적인 역할을 하는 지를 밝혀 내어 하나님의 말씀에 생명력을 불어넣어 주어야 한다.

노아의 방주에 들어간 동물의 수가 서로 다르다는 것을 가장 먼저, 그리고 가장 잘 알았던 사람은 분명 성경을 기록하고 편집한 사람이었을 것이다. 그럼에도 불구하고 그것을 고쳐서 하나로 일치시키기 않고 있는 그대로 기록한 것은 거기에 하나님의 뜻이 있기 때문이었다.

동물을 "암수 한 쌍씩 방주로 이끌어 들이라"는 하나님의 말씀은 근본적으로 모든 생명을 보존하려는 하나님의 뜻이 담겨져 있다. 그리고 "부정한 것은 암수 둘씩, 정결한 것은 암수 일곱씩 방주로 들어오게 하라"는 하나님의 말씀은 보다 나은 세상을 이루고자 하시는 하나님의 섭리가 담겨 있는 것이다.

창세기 6-9장에는 하나님이 노아에게 말씀하신 것이 7번 기록되어 있는데(창 6:13; 7:1; 8:15; 9:1, 8, 12, 17), 그때마다 노아는 하나님의 말씀을 신뢰하였을 뿐만 아니라, 그 말씀에 전적으로 순종하여 그대로 행하였다. 노아는 하나님께서 무슨 말씀을 하시든지 다 그대로 순종하는 믿음의 사람이었다.

NOAH'S ARK

창조과학 탐사여행

한국과 미국에서 지질학을 전공한 창조과학자의 안내를 받아 미 서부지역에 있는 그랜드캐년, 브라이스캐년, 자이언캐년과 규화목 화석 등을 돌아 볼 기회가 있었다. 자연의 웅장함에 감탄하면서 지질학자의 설명을 들으니 관광안내소에 비치된 설명서의 내용이 때로는 부적절하다는 것을 깨달을 수 있었다.

창조과학 탐사여행팀. 뒤에 보이는 계곡이 브라이스 캐년이다

예를 들어, 그랜드캐년이 수백만년에 걸쳐 흐르는 물에 의해 침식되면서 만들어진 계곡이라는 안내서의 진화론적 설명은 설득력이 없어 보였다. 반대로 계곡이 먼저 만들어지고 그 아래에 물이 흘러 강물이 되었다는 것이 더 합리적이었다. 그럼 계

NOAH'S ARK

곡을 만든 것은 무엇인가? 지질학자의 설명은 그것이 노아의 대홍수라는 것이다.

규화목 화석도 마찬가지다. 규화목이란 거대한 나무들이 화산재와 섞여 돌이 되어 화석화된 것을 말한다. 높은 산이나 나무라고는 전혀 없는 넓은 들판에 여기저기 흩어져 있는 규화목 화석들을 보면, 이 나무들이 어디선가 물에 휩쓸려 떠내려왔다는 것을 쉽게 짐작할 수 있다. 그럼에도 그곳에 있는 전시관에서는 이곳이 한때 울창한 밀림지역이어서 그 나무들이 화석화되어 남아 있는 것이라고 설명한다.

들판에 널려 있는 규화목 화석들

창조신앙은 진화론이 무조건 과학적이라는 그릇된 사고에서 벗어나 새로운 시각으로 자연과 세계를 바라볼 수 있는 안목을 갖도록 한다.

CHAPTER 8

대홍수 심판

홍수가 땅에 있을 때에 노아가 육백 세라 노아는 아들들과 아내와 며느리들과 함께 홍수를 피하여 방주에 들어갔고 정결한 짐승과 부정한 짐승과 새와 땅에 기는 모든 것은 하나님이 노아에게 명하신 대로 암수 둘씩 노아에게 나아와 방주로 들어갔으며 칠일 후에 홍수가 땅에 덮이니 노아 육백 세 되던 해 둘째 달 곧 그 달 열이렛날이라 그 날에 큰 깊음의 샘들이 터지며 하늘의 창문들이 열려 사십 주야를 비가 땅에 쏟아졌더라 곧 그 날에 노아와 그의 아들 셈, 함, 야벳과 노아의 아내와 세 며느리가 다 방주로 들어갔고 그들과 모든 들짐승이 그 종류대로, 모든 가축이 그 종류대로, 땅에 기는 모든 것이 그 종류대로, 모든 새가 그 종류대로 무릇 생명의 기운이 있는 육체가 둘씩 노아에게 나아와 방주로 들어갔으니 들어간 것들은 모든 것의 암수라 하나님이 그에게 명하신 대로 들어가매 여호와께서 그를 들여보내고 문을 닫으시니라 홍수가 땅에 사십일 동안 계속된지라 물이 많아져 방주가 땅에서 떠올랐고 물이 땅에 더욱 넘치매 방주가 물 위에 떠 다녔으며 물이 땅에 더욱 넘치매 천하에 높은 산이 다 잠겼더니 물이 불어서 십오 규빗이 오르니 산들이 잠긴지라 땅 위에 움직이는 생물이 다 죽었으니 곧 새와 가축과 들짐승과 땅에 기는 모든 것과 모든 사람이라 육지에 있어 그 코로 생명의 기운의 숨이 있는 것은 다 죽었더라 지면의 모든 생물을 쓸어버리시니 곧 사람과 가축과 기는 것과 공중의 새까지라 이들은 땅에서 쓸어버림을 당하였으되 홀로 노아와 그와 함께 방주에 있던 자들만 남았더라 물이 백오십일을 땅에 넘쳤더라(창 7:6-24)

 하나님이 노아와 그와 함께 방주에 있는 모든 들짐승과 가축을 기억하사 하나님이 바람을 땅 위에 불게 하시매 물이 줄어들었고 깊음의 샘과 하늘의 창문이 닫히고 하늘에서 비가 그치매 물이 땅에서 물러가고 점점 물러가서 백오십일 후에 줄어들고 일곱째달 곧 그 달 열이렛날에 방주가 아라랏산에 머물렀으며 물이 점점 감하여 열째 달 곧 그 달 초하룻날에

산들의 봉우리가 보였더라(창 8:1-5)

대홍수는 단순한 물난리가 아니라 창조이전의 상태로 돌이키겠다는 하나님의 심판이요 대변혁이었다. 하나님께서 천지를 창조하실 때 궁창을 만들어 위의 물과 아랫물로 나뉘게 하셨는데, 대홍수 심판 때 하늘의 창이 열려 위의 물이 쏟아지게 하고, 깊은 샘이 열려 아래의 물이 솟아 올라오게 하였다. 이는 위·아래의 물을 다시 합침으로써 창조 이전의 상태로 돌아가는 것을 의미한다. 대홍수로 위의 물과 아래의 물이 합쳐질 때 물이 들어가지 못한 곳이 있었으니 그곳이 노아의 방주였다. 마치 천지창조가 빅뱅처럼 우주의 어둠을 뚫고 나오는 빛에서 시작된 것처럼, 거대한 지구를 뒤덮은 대홍수에 비교해 볼 때, 모래알 같은 한 점에 불과한 방주에서부터 인류의 역사가 새롭게 시작된 것이다.

대홍수의 히브리어 원어는 '마불'(mabbul)로 구약성경에 모두 11번 나오는데, 창세기 6-9장의 대홍수와 관련해서만 사용되고 있으며(창 6:17; 7:6, 7, 10, 17; 9:11, 28; 10:1, 32), 그 외에는 오직 시편 29:10에만 한 번 나온다. 그러므로 시편 29편의 '홍수'도 노아의 대홍수를 언급하고 있는 것으로 이해할 수 있다.

여호와께서 홍수 때에 좌정하셨음이여 여호와께서 영원토록 왕으로 좌정하시도다(시 29:10).

히브리어 '마불'(mabbul)은 앗카드어로 '파괴'라는 뜻을 갖고 있다. 원형인 동사형은 '야불'(yabul)인데, 그 뜻은 "엄청나게 맹렬한 흐름"이라는 뜻이다. 그러므로 대홍수는 지역적인 홍수를 의미하는 단순한 물난리가 아니라 전 지구적인 홍수로 마지막 때의 심판도 전(全) 지구적임을 예시한다.

베드로는 하나님께서 세상을 창조하셨고, 홍수로 파괴하셨으며, 마지막 날에는 불로써 다시 파괴되어질 것이라는 전 지구적인 경고를 분명하게 전달하고 있다(벧후 3:5-7).

베드로후서 2:5에, "옛 세상을 용서치 아니하시고 오직 의를 전파하는 노아와 그 일곱 식구를 보존하시고 경건하지 아니한 자들의 세상에 홍수를 내리셨으며"라고 하고 있는데, 여기서 '홍수'의 헬라어 원어는 '카트클루스모스'(katklusmos)인데, 영어의 '카타클리즘'(cataclysm, 격변)이라는 단어가 여기서 유래한 것이다. 그러나 대홍수로 궁창 위와 땅 아래의 물이 합쳐질 때 방주에는 물이 들어오지 못하였다. 노아의 방주는 대홍수 심판에서 유일하게 구원받은 장소가 되었다.

1. 궁창 위의 물과 땅 아래의 물

"하늘의 창문들이 열려 비가 쏟아졌다"는 말씀에서 고대 이스라엘 사람들의 우주관을 엿볼 수 있는데, 고대인들은 비가 쏟아지는 것을 하늘의 창문들이 열려 하늘 위에 있는 물이 쏟아지는 것으로 알았다. 창조과학자들은 이런 고대인들의 우주관이 과학적으로도 틀리지 않다고 주장하면서, 대홍수는 궁창 위에 수증기층이 있다가 홍수 때에 쏟아진 것으로 본다. 이 수증기층은 온실의 유리 같은 역할을 해서 지구 전체를 아열대 지방처럼 따뜻하게 했던 것으로 보인다.

다시 말해, 궁창 위의 물은 지구의 대기권에 두꺼운 수증기층이 덮어 싸고 있었다는 것을 말하는 것인데, 그 결과 지구는 마치 거대한 비닐하우스와 같은 상태가 되었다.

궁창 위의 물로 인한 지구 온실화의 증거로는 첫째, 북극과 시베리아 등에서 발견되는 거대한 코끼리 '맘모스'이다. 맘모스는 원래 따뜻한 곳에서 사는 동물인데 북극에서 발견된 아기 맘모스는 빙하 속에 얼어붙어 원래 모습 그대로 보존되어 있다. 궁창 위의 물로 인한 자연환경으로 인해 홍수 이전의 인간들도 아주 오래 살았다. 홍수 이전에는 수 백년 동안 살았던 인간의 수명이 홍수 이후로 급격히 줄어들고 있는 것도 대홍수 이전의 지구 환경이 지금과 달랐음을 짐작할 수

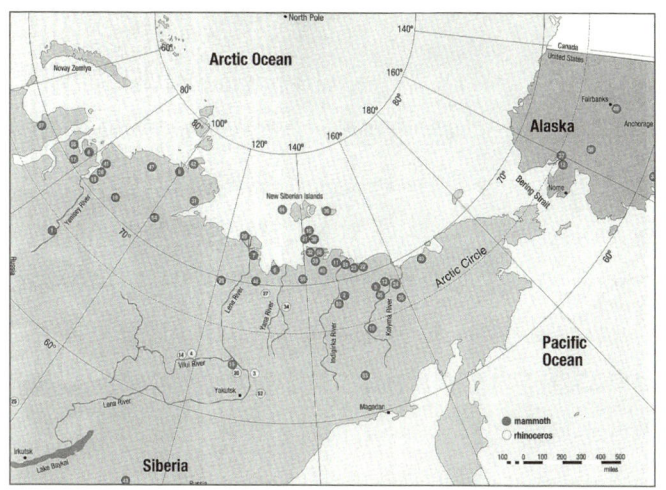

시베리아 빙하 속에서 맘모스(아래)가 발견된 곳들(위)

있다.

"그 날에 큰 깊음의 샘들(테홈, tehom)이 터지며(바카, baqa)"(창 7:12) 라는 표현에서 '샘들'의 히브리어 원어인 '테홈'(tehom)은 "매우 큰 굉음과 맹렬한 동요를 일으키는 물"이라는 뜻이고, '터지다'의 히브리어 원어 '바카'(baqa)는 "맹렬한 갈라짐"이라는 뜻이다. 이것은 지하샘물이 쏟아져 나오는 정도가 아니라, 수천 수만 톤의 물이 맹렬한 폭발로 터져 나오는 것을 의미한다. 큰 깊음의 샘은 수많은 화산의 폭발과 지진, 깊은 지하수의 엄청난 범람, 그리고 바다 속의 지진이나 화산폭발로 인해 발생하는 쓰나미같은 바닷물의 침범 등을 들 수 있다. 지구는 깊음의 샘들이 터지는 대격변에 의해 순식간에 엄청난 지각 변동이 일어나게 되었다. 오늘날 진화론자들이 주장하는 '동일과정설'에 의한 점진적 지각 변화는 극히 일부에 지나지 않으며, 현재 지구의 대부분의 지질 구조는 노아의 홍수라는 '대격변'에 의해 짧은 기간 안에 생성되었음이 지질학적으로도 증명되고 있다.

2. 대홍수 기간

대홍수는 노아의 나이 6백세 되던 해 제 2월 17일에 일어났다. 이것은 첫 사람 아담으로부터 계산하면 1,656년이 경과하였을 때였다. 대홍수 심판 때 노아가 방주에 들어가 있었던 기간은 성경에 기록된 것을 토대로 합산해 볼 때 총 378일이다. 그것을 도표로 보면 아래와 같다.

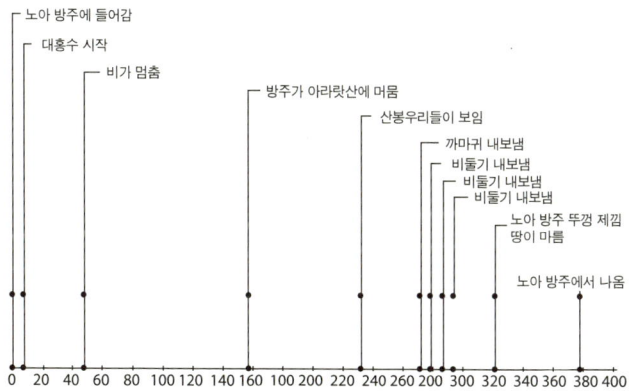

대홍수 때 노아가 방주에 머문 기간

이와 관련한 성경구절들을 정리해 보면 '노아의 항해일지'라고 표현해도 좋을 만큼 대홍수 기간 동안 방주에서 노아가 어떻게 하였는지, 그 일정들이 정확하게 잘 기록되어 있다.

(창7:6-9) "홍수가 땅에 있을 때에 노아가 육백세라 노아가 아들들과 아내와 며느리들과 함께 홍수를 피하여 방주에 들어갔고 정결한 짐승과 부정한 짐승과 새와 땅에 기는 모든 것은 하나님이 노아에게 명하신 대로 암수 둘씩 노아에게 나아와 방주로 들어갔으며"

(창 7:10) "칠일 후에 홍수가 땅에 덮이니"

(창 7:11) "노아가 육백세 되던 해 둘째 달 곧 그 달 열이레 날이라 그날에 큰 깊음의 샘들이 터지며 하늘의 창문들이 열려"

랍비전통에 따르면, 이 날은 아담으로부터 1656년이 되는 해로 기원전 2347년이다. 그해 2월 17일 홍수가 시작되었는데, 양력으로는 5월 7일에 해당된다.

(창 7:17) "홍수가 땅에 사십일 동안 계속된지라 물이 많아져 방주가 땅에서 떠올랐고"

(창 8:3-4) "물이 땅에서 물러가고 점점 물러가서 백오십

일 후에 줄어들고 일곱째달 곧 그 달 열이렛날에 방주가 아라랏 산에 머물렀으며"

(창 8:5) "물이 점점 줄어들어 열째달 곧 그달 초하룻날에 산들의 봉우리가 보였더라"(74일 후에)

(창 8:6-7) "사십일을 지나서 노아가 그 방주에 낸 창문을 열고 까마귀를 내놓으매 까마귀가 물이 땅에서 마르기까지 날아 왕래하였더라"

(창 8:8) "그가 또 (7일 후에 라는 말이 암시되어 있다. 아래 10절 참고) 비둘기를 내놓아 지면에 물이 줄어들었는지를 알고자 하매"

(창 8:10-11) "또 칠일을 기다려 다시 비둘기를 방주에서 내 놓으매 저녁때에 비둘기가 그에게로 돌아왔는데 그 입에 감람나무 새 잎사귀가 있는지라 이에 노아가 땅에 물이 줄어든 줄을 알았으며"

(창 8:12) "또 칠 일을 기다려 비둘기를 내놓으매 다시는

그에게로 돌아오지 아니하였더라"

 (창 8:13) **"육백일 년 첫째 달 곧 그 달 초하룻날**에 땅 위에서 물이 걷힌지라 노아가 방주 뚜껑을 제치고 본즉 지면에서 물이 걷혔더니"(29일 후에)

 (창 8:14-16) **"둘째 달 스무이렛날**에 땅이 말랐더라 하나님이 노아에게 말씀하여 이르시되 너는 네 아내와 네 아들들과 네 며느리들과 함께 방주에서 나오고"(<u>57일 후에</u>)

 이상에 나오는 기록들을 모두 합산하면, 7 + 40 + 110 + 74 + 40 + 7 + 7 + 7 + 29 + 57 = 378 이다. 그러므로 위의 도표에서 보는 바와 같이 노아가 방주에 들어간 날부터 방주에서 나온 날까지는 모두 378일이 된다.

 노아의 방주는 대홍수 기간 동안 침몰하지 않았다.
 금세기 최고의 여객선이었던 타이타닉 호는 1912년 영국에서 만들어진 배로 높이가 11층 건물 정도의 거대한 배로 최신식 안전설비를 갖추었다. 2,228명의 승객을 태우고 뉴욕을 향해 대서양을 건너던 타이타닉 호는 출항 5일만에 커다란 빙산에 부딪혀 두 동강이 난 채 차가운 얼음 바다 속으로 침몰해 버렸다.

군함 수준의 강철로 만들어진 타이타닉 호는 총 16개의 방수격실을 내장하고 있었는데, 그 중에 4개가 파손되어도 물에 뜰 수 있도록 하여 결코 침몰하지 않는다고 믿었다. 그런데 물은 쇠보다 강했다. 그리고 자연은 인간의 지혜보다 뛰어났다. 빙산이 공교롭게도 5번째 방까지 뚫고 들어가는 바람에 타이타닉 호는 침몰할 수밖에 없었다는 것이다. 마치 배의 가장 취약한 부분을 잘 알고 있었던 것처럼 말이다.

만약 노아의 방주도 대홍수 속에서 그렇게 침몰해 버렸다면 인류의 역사는 어떻게 되었을까? 우리의 인생도 바다 같은 이 세상을 항해하는 배와 같다. 인생이라는 것이 파도에 밀려 높이 올라갔다가 폭풍우 속에서 깊은 곳으로 떨어지기도 한다. 우리는 삶의 온갖 풍파 속에서도 우리의 삶의 터전인 가정과 사회 그리고 교회가 결코 침몰하지 않는 믿음의 비결을 노아의 방주에서 찾을 수 있다.

첫째, 노아의 방주는 하나님께서 설계했다.

우리의 가정이나 교회도 내가 선택하고, 내가 원하는 대로 만든 것이 아니라 하나님께서 설계해 주셨다는 믿음을 가져야 한다. "하나님께서 짝지워 주신 것을 사람이 나누지 못할지니라"는 성혼선언에 깊은 뜻이 있음을 명심해야 한다. 그리고 하나님의 계획에 따라 내가 이곳에 나와 하나님의 구원의 방주인 교회를 이루도록 한 것이라는 믿음을 가져야 한다.

둘째, 노아는 방주에 역청을 칠함으로 대홍수 심판의 물이 배 안으로 들어오지 못하도록 하였다.

아무리 좋은 나무로 만든 배라도 역청을 바르지 않으면 오랜 홍수기간 동안 결국에는 물이 스며들어 침몰하고 만다. 교회가 아무리 좋은 성도들이 모인 믿음의 공동체라고 하여도 서로의 틈을 메워주는 역청과도 같은 사랑이 있어야 건강한 교회로써 구원의 방주 역할을 온전하게 감당한다. 가정도 마찬가지다. 남편과 아내, 부모와 자식이 있어 가정을 이루지만, 부부간에 혹은 부모와 자식 간에 틈이 생기지 않도록 서로의 허물을 감싸고 용납하는 역청과 같은 사랑이 있어야 험한 세파 가운데에서 부서지지 않는 건강한 가정을 이룰 수 있다.

셋째, 노아는 하나님이 말씀하신 그대로 준행하였다.

노아 때는 사람들이 물로 인한 대홍수에 빠져 죽었지만,

오늘날 많은 사람들이 정보의 홍수 속에 빠져서 헤어나지 못하고 있다. 소위 인터넷의 바다에 잠겨 자신의 삶을 파괴하고, 가정을 위태롭게 하는 일들이 일어나고 있다. 많은 정보의 홍수 속에서 하나님의 말씀에 관한 설교도 홍수처럼 쏟아지고 있다. 문제는 사람들이 말씀을 듣기만 하고 그 말씀을 실천하지 않는다는 데에 있다. 노아는 말씀을 듣고, 말씀대로 다 실천하였다.

3. 아라랏 산

우라르투 산맥의 최고봉인 아라랏산 전경

노아의 방주는 아라랏산에 머물렀는데, 아라랏산은 터키 동부의 이란, 아르메니아와 접경 지역에 위치해 있다. 아라랏산은 높이가 5,165미터(16,945 피트)로 수백개의 봉우리로 이루어진 우라르투 산맥의 최고봉이다. 아라랏산 정상에는 17평방 마일이나 되는 빙하로 덮여 있으며, 빙하의 깊이는 3백 피트에 이른다.

수천 평방 마일에 이르는 이 지역은 858-585년 우라르투 왕국이 있다가 메데스에 의해 멸망하였으며, 그 이후 1차 세계대전 때까지 아르메니아의 땅으로 아르메니안과 쿠르드족,

터키의 지도. 아라랏산은 오른쪽 국경지역에 위치해 있으며, 중동지역 최고의 산악지역인 우라르투 산맥이 있는 곳으로 아라랏산은 그 중에 최고봉이다.

아라랏산에서 15km 떨어진 곳에 위치한 우라르트 왕국의 유적들

투르크족이 공존하고 있었다. 수도인 반(Van)은 1차 대전 때 러시아인과 아르메니아인, 쿠르드족과 투르크족의 갈등과 전쟁으로 황폐화되어 버리고 말았다.

성경의 아라랏이라는 명칭과 우라르투는 같은 자음(rrt)을 갖고 있다. 우라르투라는 이름은 우라르투 왕국의 멸망과 함께 사라지고, 아르메니아 인들이 성경에 따라 우라르투를 아라랏이라고 불렀다. 아르메니아는 주후 300년 로마보다 앞서 기독교를 국교로 공인한 최초의 국가이며, 한때 교회가 3천여 개나 있었다고 한다.

성경에 따르면, 노아의 방주는 대홍수가 끝나면서 아라랏산에 머물렀었다. 이슬람의 코란은 노아의 방주가 알 쿠디(Al Cudi) 혹은 쿠디 다디(Cudi Dady)에 머물렀다고 한다. 미국에 있는 노아의 방주 탐험대는 쿠디 다디라는 이름을 가진 산이 네 개나 있다는 것을 알아냈다. 하나는 씨즈르 근처의 남동부 터키에 있고, 또 하나는 하란 근처 터키의 남중부 지역, 또 다른 하나는 사우디아라비아, 그리고 두루피나르(Durupinar, 1985년 이래)이다. 그러나 그 중에 아라랏산이 가장 높은 산으로 위에 언급한 지역들 보다 두 배 이상 높다.

그러므로 노아의 방주가 머무른 곳이 팔레스타인과 터어키 지역을 통틀어 최고봉인 아라랏 산이라는 가장 오래된 기독교전통이 성경의 내용과 일치한다. 이슬람의 코란이나 다른 주장들은 그 이후에 나온 것들이다.

아라랏산 위와 그 주변에 있었던 문화적 전통들과 고고학적 증거들도 노아의 방주가 아라랏산에 머물렀다는 증거가 될 수 있다. 아라랏산 근처에 노아의 방주나 홍수와 결합된 전통적인 장소들로는 다음과 같은 것들이 있다.

1) 전통적으로 에덴동산은 아라스강(the Aras River)의 풍

성한 계곡에 있었던 것으로 알려져 있다.

2) 마란드(Marand)는 노아의 부인이 묻혀 있다는 전통적인 장소다.

3) 아호라(Ahora)는 전통적으로 노아가 방주에서 나와 아라랏산을 내려온 후에 처음으로 포도농사를 지었다는 장소이다. 아호라는 전통적으로 노아의 마을로 여겨졌다. 지금도 아호라에는 포도밭이 있으며, 아호라 협곡 길목에 위치한 마을의 정상에 있었던 성 야고보 수도원은 1840년 지진이 나면서 아호라 협곡에 산사태가 일어나 물과 얼음, 진흙더미 등이 쏟아져 내리는 바람에 마을의 일부와 함께 흙더미에 묻히고 말았다.

4) 노아의 아들인 셈의 집은 전통적으로 코란(Korhan)에 위치한 것으로 알려져 있다.

5) 유대인 역사가 요세푸스에 의해 '낙수안'(Naxuan)으로 언급된 나시반 근처가 아라랏산에서 내려온 "노아의 첫 번째 후손들의 전통적인 정착지"로 추측된다.

노아의 방주는 왜 찾는가?

1) 일부 학자들은 성경에 기록된 많은 내용들을 비역사적

인 것이라고 비판하여 왔다. 그러나 고고학자들이 그들의 비판 중 많은 것이 잘못되었음을 보여주었다. 그럼에도 창세기 1-11장은 아직도 신화로 여기고 있다. 만일 노아의 방주가 일부분이 발견된다면, 그것은 창세기 5장까지 거슬러 올라가 성경을 뒷받침하는 것이 된다.

2) 노아의 방주는 또한 성경에 전 세계적인 사건으로 기록된 홍수를 뒷받침하게 된다. 많은 비판가들은 단순히 지역적이거나 국지적인 홍수로 취급하고 있다.

3) 역사가들이 노아의 방주가 실존할 것이라고 기록하였다 (베로수스, 요세푸스 등등).

1856년부터 1989년까지 아라랏산에서 얼음에 삐져나온 배 같은 구조물을 보았다고 주장하는 목격자들이 60여명이나 있다. 목격자들이 제기하는 공통된 이론은 만년설이 심하게 녹아내린 후에 노아의 방주가 얼음 사이에서 삐져나온 것이라는 것이다.

4) 종종 아라랏산에 노아의 방주와 관련한 흔적들을 발견했다는 기사들이 있었는데, 최근 2010년 4월 26일자 홍콩 연합뉴스에서 〈노아의 방주 사역회〉(NAMI)에 속한 탐사대가 아라랏산에서 발굴한 구조물의 한 목재표본에 대한 탄소연대를 측정한 결과 성경에 기록된 노아의 대홍수 시기와 비슷한

4,800년 전인 것으로 밝혀졌다는 보도가 있었다.

신문보도에 따르면, 홍콩 출신 탐사대원으로 다큐멘터리 제작자인 융윙충은 "100% 노아의 방주라는 것은 아니지만, 99.9%는 맞다고 확신한다"고 말했다. 그는 이 구조물이 여러 칸으로 돼 있고 일부는 목재 기둥으로 받쳐져 있어 방주에 태운 동물 우리였던 것으로 보인다고 추정하면서, 3,500m 이상의 고지대인 이 지역에 주거지가 없었다는 사실을 들어 이 구조물이 거주시설일 가능성은 부인했다.

노아의 방주가 증명되지 않는다고 할지라도...

아직도 많은 사람들이 아라랏산에 노아의 방주나 혹은 그 흔적이 있을 것으로 믿고 탐사를 계속하고 있지만, 혹시 노아의 방주를 아라랏산에서 끝내 찾을 수 없다고 할지라도 그것이 노아의 방주가 아라랏산에 머무르지 않았다는 증거는 아니다. 과학적인 탐구가 노아의 방주는 현재 아라랏산에 남아있지 않다는 것을 보여준다고 할지라도, 노아의 방주가 아라랏산에 머물렀지만, 후에 사라져 버리거나 파괴되었다고 생각할 수 있는 여러가지 합리적인 가능성들이 있기 때문이다.

예를 들면, 노아의 방주가 아라랏산에 머문 이후 수천년 동안에 일어났을 수 있는 개연성들을 다음과 같이 추정할 수

있다:

1. 세월이 지남에 따라 자연적으로 소멸되었다.
2. 나무와 유골들은 자연적으로 소멸되고 파괴되었다.
3. 용암이나 화산재에 의해 묻혀버렸다.
4. 선사시대의 화산폭발로 파괴되고 지금의 아호라 협곡은 완전히 새로 형성된 것이다.
5. 아라랏산 정상에 있는 만년설과 빙하의 움직임으로 파괴되어 부서져 버리고 말았다.

방주가 아라랏산에 머문 날과 나팔절

물이 땅에서 물러가고 점점 물러가서 백오십일 후에 줄어들고 일곱째달 곧 그 달 열이렛날에 방주가 아라랏산에 머물렀으며(창 8:3-4)

노아의 방주가 아라랏산에 머문 날은 양력으로 주전 2347년 9월 24일에 해당하는데, 이날은 유대력으로 나팔절(Rosh Hashanah)과 일치한다. 유대인들에게 나팔절은 새해의 첫 날인데, 창조가 시작된 날로 믿는다. 노아의 방주가 아라랏 산에 머물렀다는 것은 창조의 새로운 역사가 시작되었음을 뜻한다.

창세기 1장에 하나님이 세상을 창조하시기 전 "하나님의 영이 수면위에 운행하시느니라"(창 1:2)고 하였는데, 창세기 8장에 보면, 방주가 아라랏산에 머물기 전 "하나님이 바람을 땅 위에 불게 하시매"(창 8:1)라고 하였다.

여기서 '영'과 '바람'은 히브리어 원어로 '루아흐(ruah)라는 같은 단어이다. 그리고 "운행하신다"는 말과 "불게 한다"는 말도 같은 표현이다.

방주에서 나온 노아에게 주신 하나님의 축복도 태초에 창조한 인간에게 주신 축복과 같은 말씀이다.

너희는 생육하고 번성하며 땅에 가득하여 그 중에서 번성하라 하셨더라(창 9:7; 창 1:28 참고)

CHAPTER 9

까마귀와 비둘기

사십일을 지나서 노아가 그 방주에 낸 창문을 열고 까마귀를 내놓으매 까마귀가 물이 땅에서 마르기까지 날아 왕래하였더라 그가 또 비둘기를 내놓아 지면에서 물이 줄어들었는지를 알고자 하매 온 지면에 물이 있으므로 비둘기가 발붙일 곳을 찾지 못하고 방주로 돌아와 그에게로 오는지라 그가 손을 내밀어 방주 속 자기에게로 받아들이고 또 칠 일을 기다려 다시 비둘기를 방주에서 내놓으매 저녁때에 비둘기가 그에게로 돌아왔는데 그 입에 감람 새 잎사귀가 있는지라 이에 노아가 땅에 물이 줄어든 줄 알았으며 또 칠 일을 기다려 비둘기를 내놓으매 다시는 그에게로 돌아오지 아니하였더라 육백일년 첫째 달 곧 그 달 초하룻날에 땅 위에서 물이 걷힌지라 노아가 방주 뚜껑을 제치고 본즉 지면에서 물이 걷혔더니 둘째 달 스무이렛날에 땅이 말랐더라(창 8:6-14)

4세기 로마 카타콤 벽화

 40일 동안 밤낮으로 비가 쏟아지고 세상에 물이 가득한 지 150일이 지났지만, 방주 안에 있던 노아는 세상에 가득한 물이 어떻게 되었는지를 정확하게 알 수 없었다. 그래서 노아는 까마귀와 비둘기들을 내보내어 물이 어떻게 되었는지를 알고자 하였다.
 대홍수 시대에 심판의 물이 빠지기 시작했다는 것을 알려준 까마귀와 물이 빠지고 땅이 드러나면서 식물이 새롭게 자라기 시작했다는 것을 알려준 비둘기들을 보면, 구약시대에 죄악이 가득한 세상에 하나님의 심판의 메시지를 전했던 예언자들과 "하나님의 나라가 가까웠으니 회개하라"고 선포했던 광야의 세례요한, 그리고 세례받고 물에서 올라오실 때에 성령이 비둘기처럼 임한 예수를 생각하게 된다.

특히 세례요한은 하나님의 나라가 가까왔음을 알리며 예수 그리스도의 오심을 선포했던 충실한 하나님의 메신저였다. 구약성경의 마지막 장인 말라기서 4:5-6에, "보라 여호와의 크고 두려운 날이 이르기 전에 내가 선지 엘리야를 너희에게 보내리니 그가 아비의 마음을 자녀에게로 돌이키게 하고 자녀들의 마음을 그들의 아비에게로 돌이키게 하리라". 예수는 "오리라고 한 엘리야'가 바로 세례 요한이라"고 하셨다 (마 17:12-13).

1. 까마귀

'까마귀'는 성경에 제일 먼저 나오는 새의 이름이다. 노아는 왜 방주에서 그 많은 새 중에 까마귀를 제일 먼저 내 보냈을까? 한국에서는 '까마귀' 하면 죽은 시체를 먹는 새로 까마귀 울음소리를 들으면 뭔가 불길한 일이 일어날 것 같은 부정적인 생각을 갖는 사람이 많다.

그런 부정적인 생각이 독일 유학생활을 통해 변화되었다. 독일에는 까마귀 류의 새들이 참 많다. 그 중에 사람들이 아주 좋아하는 '암젤'이라는 작고 까만 새가 있는데, 그 부리만 노랗다. 목소리가 얼마나 아름다운지 새벽 녘 '암젤'의 아름다운 울음소리에 잠을 깨곤 했다. 독일에서의 유학생활 초기에 어려움도 많고 걱정도 많을 때였는데, 아침마다 '암젤'의 아름다운 소리를 들으면 큰 위로가 되었다.

까마귀를 생각하라 심지도 아니하고 거두지도 아니하며 골방도 없고 창고도 없으되 하나님이 기르시나니 너희는 새보다 얼마나 더 귀하냐(눅 12:24)

어릴 적 부흥목사께서 하신 말씀이 기억난다. "까마귀가 물이 땅에서 마르기까지 날아 왕래하였다"는 말은 방주에서 나간 까마귀가 물위에 떠 있는 시체를 찾아 이리저리 돌아다니느라 정신이 없었다는 뜻으로, 세상일에 정신이 팔려 교회에 올 생각을 하지 않는 성도를 까마귀같은 성도라고 하였다. 신앙생활을 소홀히 하는 성도들을 깨우치는 좋은 말씀이라고 생각한다.

그러나 이것은 까마귀에 대한 우리의 부정적 생각에 비추어 해석한 것으로 본문에 대한 올바른 해석은 아니다. 여기서 '왕래하였다'는 말의 히브리어 원어는 '슈브'인데, '돌아오다'(return)는 뜻이다. 까마귀는 물이 마를 때까지 방주에서 나갔다가는 다시 돌아오고, 나갔다가는 다시 돌아오곤 했다는 말이다.

방주 안에 있던 노아는 까마귀가 계속 나갔다가 들어오곤 하는 모습을 보고, 이 세상에 가득 찬 심판의 물이 점점 빠지고 있다는 것을 알 수 있었다. 까마귀는 세상에 가득 찬 물이 점점 빠지고 있음을 알려준 노아의 충실한 메신저였다.

그 다음에 노아는 비둘기를 내 보냈다. 첫 번째 비둘기는 아직 거할 곳을 찾지 못하여 그냥 돌아오고, 두 번째 비둘기가 입에 감람나무 새 잎사귀를 물고 돌아왔다. 그것을 본 노아는 땅에서 식물이 새롭게 자라기 시작했다는 것을 알았다.

까마귀와 비둘기들은 모두 노아의 메신저였다. 그러나 둘의 역할이 서로 다른데, 까마귀의 사명이 물이 줄어드는 상황을 알려준 메신저였다면, 비둘기의 사명은 물이 빠진 땅의 상황이 어떠한지를 알려준 메신저였다.

이렇듯 까마귀는 방주에서 나가 제멋대로 먹을 것을 찾아

이리저리 다닌 것이 아니라, 물과 방주 사이를 오가면서 방주 안에 있는 노아에게 충실한 메신저가 되어 주었다. 실제로 까마귀는 사람의 죽음이나 화재 등을 미리 알리는 능력이 있으며, 새 중에서 가장 지능이 뛰어난 새다.

동물 다큐멘터리 방송에서 땅 속에 조그만 구멍을 파고 그 안에 음식을 넣고 실험을 하였다. 새나 동물들이 와서 좁은 구멍 안에 있는 먹이를 꺼내려고 주둥이나 손을 넣으려고 애를 썼지만 모두 허사였다. 그때 까마귀가 입에 나뭇가지를 물고 와서 구멍에 나뭇가지를 넣고 조심스럽게 먹이를 꺼내는 것이 아닌가? 이렇듯 까마귀는 돌이나 나뭇가지를 이용하는 능력을 갖고 있고, 특히 기억력이 아주 뛰어나며 음식을 저장했다가 먹을 줄 안다고 한다.

아합 왕 시대에 이스라엘 온 땅에 수많은 사람들이 있었지만 하나님의 사람인 엘리야를 먹여 살린 것은 까마귀였다. 온갖 죄악과 범죄로 가득 찼던 이스라엘의 아합왕 시대에 하나님께서 엘리야를 예언자로 세우시고, 이스라엘 온 땅에 수년 동안 가뭄이 있을 것을 선포하게 하셨다. 그때 하나님은 까마귀로 하여금 엘리야에게 먹을 것을 갖다 주도록 하셨다.

"너는 여기서 떠나 동쪽으로 가서 요단 앞 그릿 시냇가에

숨고 그 시냇물을 마시라 내가 까마귀를 명령하여 거기서 너를 먹이게 하리라 그가 여호와의 말씀과 같이 하여 곧 가서 요단 앞 그릿 시냇가에 머물매 까마귀들이 아침에도 떡과 고기를 저녁에도 떡과 고기를 가져왔고 그가 시냇물을 마셨으나(왕상 17:3-6)

우리나라에서도 까마귀는 효도를 하는 새로 알려져 있다. 반포지효(反哺之孝)라는 말이 거기서 유래한 말인데, 까마귀의 새끼가 다 자란 뒤에는 어미 새에게 공양한다는 이야기다. 까마귀와 같이 보잘 것 없는 새조차도 부모에게 효도를 다하는데, 사람도 마땅히 효도를 하지 않으면 안 된다는 것이다.

까마귀 같은 보잘 것 없는 새도 노아와 엘리야를 위한 하나님의 충실한 메신저로서의 역할을 감당하는 데 우리들도 마땅히 하나님의 충실한 메신저가 되어야 한다.

또 제자들에게 이르시되 그러므로 내가 너희에게 이르노니 너희 목숨을 위하여 무엇을 먹을까 몸을 위하여 무엇을 입을까 염려하지 말라 목숨이 음식보다 중하고 몸이 의복보다 중하니라 까마귀를 생각하라 심지도 아니하고 거두지도 아니하며 골방도 없고 창고도 없으되 하나님이 기르시나니 너희

는 새보다 얼마나 더 귀하냐(눅 12:22-24)

까마귀 새끼가 하나님을 향하여 부르짖으며 먹을 것이 없어서 허우적거릴 때에 그것을 위하여 먹이를 마련하는 이가 누구냐(욥 38:41)

감사함으로 여호와께 노래하며 수금으로 하나님께 찬양할지어다 그가 구름으로 하늘을 덮으시며 땅을 위하여 비를 준비하시며 산에 풀이 자라게 하시며 들짐승과 우는 까마귀 새끼에게 먹을 것을 주시는도다(시 147:7-9)

그러므로 염려하여 이르기를 무엇을 먹을까 무엇을 마실까 무엇을 입을까 하지 말라 이는 다 이방인들이 구하는 것이라 너희 하늘 아버지께서 이 모든 것이 너희에게 있어야 할 줄을 아시느니라 그런즉 너희는 먼저 그의 나라와 그의 의를 구하라 그리하면 이 모든 것을 너희에게 더하시리라(마 6:31-33)

2. 비둘기들

1) 첫 번째 비둘기

노아는 까마귀 다음에 첫 번째 비둘기를 내어 보냈다. 그 비둘기는 앉을 땅을 찾지 못하고 돌아 왔다. 노아가 손을 내밀어 비둘기를 자기 손으로 받아들였다.

온 지면에 물이 있으므로 비둘기가 발붙일 곳을 찾지 못하고 방주로 돌아와 그에게로 오는지라 그가 손을 내밀어 방주 안 자기에게로 받아들이고(창 8:9)

비둘기가 나갔을 때 세상은 아직 심판의 물로 가득 차 있었다. 비둘기는 다시 방주로 돌아왔다. "회개하라 천국이 가까웠느니라"며 죄사함을 받게 하는 회개의 세례를 전파하는 마지막 예언자 세례 요한은 다시 오리라고 한 엘리야였다. 그는 그리스도이신 예수의 길을 예비하는 자였다.

세례 요한은 분봉왕 헤롯이 동생 빌립의 아내 헤로디아를 취한 불법에 대해 비판을 하다가 옥에 갇혔다가 참수를 당하였다(마 14:3-10 참고). 세례 요한은 하나님의 메신저로 이 땅에 왔다가 아직도 세상에 가득한 죄악 때문에 죽어 하나님이 계신 곳으로 다시 돌아갔다.

2) 두 번째 비둘기

노아는 일주일 후에 다시 비둘기를 내 보냈다. 비둘기가 돌아왔는데 입에는 감람나무 새 잎사귀가 물려져 있었다.

> 또 칠 일을 기다려 다시 비둘기를 방주에서 내놓으매 저녁 때에 비둘기가 그에게로 돌아왔는데 그 입에 감람나무 새 잎사귀가 있는지라 이에 노아가 땅에 물이 줄어든 줄을 알았으며(창 8:10-11)

비둘기는 이제 물이 감하여졌고 감람나무가 새싹을 내고 있었다는 증거를 가지고 온 것이다. 물이 빠지고 땅에 식물이 다시 자라기 시작함을 알리는 새 잎사귀였다. 감람나무 잎사귀는 평화를 상징한다. 감람나무는 성경에서 여기에 처음으로 등장하는데, 성경에서 감람나무는 특별히 메시야와 밀접한 관계를 갖고 있다. 감람나무 새 잎사귀는 이제 홍수가 끝나고 새로운 세상이 시작되었다는 것을 알려 주는 신호다. 모든 고통과 징계가 끝났다. 이제는 새 출발이다.

예수께서는 요단강에서 세례를 받음으로 공생애를 시작하셨다.

예수께서 세례를 받으시고 곧 물에서 올라오실새 하늘이 열리고 하나님의 성령이 비둘기같이 내려 자기 위에 임하심을 보시더니 하늘로서 소리가 있어 말씀하시되 이는 내 사랑하는 아들이요 내 기뻐하는 자라 하시니라(마 3:16-17)

이때부터 죄악이 가득한 세상에 십자가를 통한 새로운 구원의 역사, 하나님의 나라가 시작되었다. 예수의 십자가 죽음과 부활을 통하여 이 땅에 가득한 심판의 물이 걷히고 하나님의 구원역사가 시작되었다.

성경에 특별히 예수와 감람나무가 서로 밀접하게 연관되어 있는 것을 찾아 볼 수 있는데, 예수께서 마지막으로 기도하신 겟세마네 동산이 감람산 중턱에 있다. 지금도 겟세마네 동산에 가면 수령이 2천년도 넘는 감람나무들도 있는데, 그들은 비록 말을 못하지만 그곳에서 기도하시던 예수를 목격한 산 증인들이다. 예수께서는 감람산에서 예루살렘을 보고 우셨으며, 부활하신 후 감람산 정상에서 하늘로 승천하셨다.

3) 세 번째 비둘기

노아는 칠 일 후에 다시 비둘기를 내보냈다. 이번에 나간 비둘기는 다시 돌아오지 않았다.

또 칠 일을 기다려 비둘기를 내놓으매 다시는 그에게로 돌아오지 아니 하였더라(창 8:12)

세 번째로 나간 비둘기는 다시 돌아오지 않았다. 비둘기가 땅에서 자기 거할 곳을 찾았기 때문이었다. 물이 완전히 빠져 나갔다는 증거였다. 새로운 세상, 새로운 역사가 시작이 된 것이다. 노아는 방주의 문을 열었다. 노아의 가족들과 모든 동물들이 충만한 세상을 위한 새 삶을 위해 힘차게 세상으로 흩어져 나아갔다.

이상에서 본 바와 같이 노아는 방주에서 모두 네 번 새를 내보냈다. 이것은 대제사장이 지성소에 네 번 드나드는 것과 비교해 볼 수 있다.

첫 번째로 대제사장은 대속죄일이 되면 먼저 성소에 있던 향로를 지성소에 갖다 놓기 위해 들어간다. 향로는 일년 동안 성소의 분향단에 있으면서 향을 피우다가 이 날 하루 지성소에 들어간다. 까마귀가 물이 마를 때까지 왕래하는 것처럼 대제사장은 지성소 안에 향연이 가득할 때까지 기다린다.

두 번째는 비둘기가 그냥 돌아오는 것처럼 대제사장은 백성들의 죄와는 관계없이 자기 죄 때문에 들어갔다가 나온다. 대제사장은 자기의 죄를 위해 수송아지를 잡아 그 피를 갖고 지성소에 들어가 속죄소 위에 피를 일곱 번 뿌린다.

세 번째는 비둘기가 식물이 새 싹을 내기 시작했다는 구원의 소식을 알려주는 감람 잎사귀를 입에 물고 오는 것처럼, 대제사장은 온 이스라엘 백성들의 죄를 사함받기 위해 속죄양의 피를 갖고 지성소에 들어가 일곱 번 뿌린다. 그러면 백성들은 죄사함을 받고 한 해를 새롭게 시작한다.

마지막 네 번째는 정리단계다. 마지막 비둘기는 정리였다. 비둘기가 돌아오지 않는 것을 보고 노아는 방주의 문을 열고 세상에 나옴으로써 방주생활을 정리하였다. 대제사장도 마지막으로 지성소에 들어가 향로를 다시 가지고 나와 성소에 있는 분향단에 올려놓는다. 이렇게 함으로써 대속죄일에 지성소에 들어가는 의식을 마치게 된다.

NOAH'S ARK

방주에서 나온 새들과 지성소의 대제사장

노아의 방주	성막/성전의 지성소	하나님의 사람들
까마귀 방주에서 왔다 갔다 하면서 세상에 가득한 심판의 물이 빠지기 시작했음을 노아에게 알림	7월 10일 대속죄일(Yom Kippur)에 향을 갖고 들어가 지성소 안에 향을 피움으로 향연 이외에는 아무것도 보이지 않게 됨	엘리야: 예언의 선구자 온 세상에 가득 찬 죄악에 대한 하나님의 심판을 선포하며 회개를 촉구함
첫 번째 비둘기 - 7일 후 내보냄 아직 심판의 물이 빠졌지만, 아직 머무를 만한 땅이 없어 되돌아옴	수송아지 피를 가지고 들어가 자기 죄를 위해 속죄소에 7번 뿌림	세례요한: "회개하라 천국이 가까웠느니라"는 선포와 함께 회개의 물세례를 베풀고 헤롯의 성적 타락에 대한 악행을 비판하다 순교함
두 번째 비둘기 - 7일 후 내보냄 감람 새 잎사귀를 물고 옴으로 땅이 마르고 식물이 새롭게 자라기 시작했음을 알려줌	두 마리 중 아사셀 양을 제비뽑은 다음 속죄양을 잡아 그 피를 지성소에 가지고 들어와 이스라엘 온 백성들을 위해 속죄소에 7번 뿌림. 아사셀 양은 광야에 놓아 이스라엘 백성들의 죄를 대신하여 죽게 함.	예수 그리스도: 세례받고 물에서 올라오실 때 성령이 비둘기 같이 임함으로 공생애를 시작하시고 십자가 죽음과 부활을 통하여 인류를 구원하시는 구속의 역사를 이루심
세 번째 비둘기 - 7일 후 내보냄 세상으로 나가 되돌아오지 않음. 노아가 방주의 문을 열고 나와 하나님께 제단을 쌓고 예배를 드림. 하나님께서 노아를 축복하심	향 갖고 나옴 - 정리 구속함을 받은 바 은혜를 갖고 앞으로 1년 동안의 삶을 살아가도록 이스라엘 백성들을 축복함	성도들: 그리스도의 제자로 성령을 통하여 권능을 받고 예루살렘과 온 유대와 사마리아와 땅 끝까지 이르러 주님의 증인이 됨.

CHAPTER 10

대홍수 이후의 변화

하나님이 노아에게 말씀하여 이르시되 너는 네 아내와 네 아들들과 네 며느리들과 함께 방주에서 나오고 너와 함께 한 모든 혈육 있는 생물 곧 새와 가축과 땅에 기는 모든 것을 다 이끌어 내라 이것들이 땅에서 생육하고 땅에서 번성하리라 하시매 노아가 그 아들들과 그 아내와 그 며느리들과 함께 나왔고 땅 위의 동물 곧 모든 짐승과 모든 기는 것과 모든 새도 그 종류대로 방주에서 나왔더라 노아가 여호와께 제단을 쌓고 모든 정결한 짐승 중에서와 모든 정결한 새 중에서 제물을 취하여 번제로 제단에 드렸더니 여호와께서 그 향기를 받으시고 그 중심에 이르시되 내가 다시는 사람으로 인하여 땅을 저주하지 아니하리니 이는 사람의 마음이 계획하는 바가 어려서부터 악함이라 내가 전에 행한 것 같이 모든 생물을 멸하지 아니하리니 땅이 있을 동안에는 심음과 거둠과 추위와 더위와 여름과 겨울과 낮과 밤이 쉬지 아니하리라(창 8:15-22)

이 본문은 대홍수 이후의 변화를 과학적으로 설명하고 있다. 창조과학자들은 성경본문의 내용이 과학적으로도 틀림이 없음을 증명하고 있다. 창조과학자들의 주장에 따르면, 궁창 위의 물이 없어짐에 따라 아열대 기후가 바뀌어 여름과 겨울이 생기게 되었다. 비가 내리는 대신 안개로 지면을 적셨던 지구는(창 2:5) 홍수 이후 지금까지 구름이 형성되어 비가 내리고 무지개도 나타나기 시작한 것이다.

1980년 5월 18일 세인트 헬렌산의 화산폭발은 생태계의 회복이 빠르고 광범위하게 일어날 수 있음을 보여주었다. 폭발 지역 내에 있었던 메타 호수(Meta Lake)를 예로 들면, 폭발 당시 호수는 얼음으로 덮여 있었는데, 이 덕분에 겨울 동안 잠들어 있던 생태계가 열기와 산소부족, 화산재로 인해 파괴되지 않을 수 있었다. 물고기가 완전히 사라졌던 그 장소에서, 물고기와 생태계는 겨울이 시작되기도 전에 회복되었다. 이는 대격변 이후에도 원상태로의 회복이 믿을 수 없을 정도로 빠르게 일어날 수 있다는 것을 보여준다.

미국 워싱턴 주에 있는 세인트 헬렌산의 화산폭발

1. 홍수 이전의 지구

창세기 2:5-6에 보면, 땅에 아직 비가 내리지 않고 안개만 올라왔다는 묘사가 있다. 여기서 '안개'로 번역된 히브리어 원어의 정확한 뜻은 '샘물'(spring)이다.

현재의 날씨 변화는 지역에 따라 온도의 차이가 크기 때문에 일어난다. 적도 부근은 덥고 극지방은 추운 온도의 차이가 대규모의 대기 순환을 일으키고 대기의 순환에 의해 다양한 날씨가 나타난다. 그러나 창조과학자들은 홍수 이전에는 궁창 위의 수증기층이 온실의 유리 같은 역할을 해서 지구 전체가 골고루 따뜻했다고 주장한다. 생물체에 필요한 물과 습도는 하천(창 2:10-14)과 지면에서 솟아 올라오는 샘(창 2:6)으로 충당되었을 것이다.

궁창 위의 수증기로 인한 온실효과로 지구 전체가 아열대 기후였다는 증거는 화석에서 찾을 수 있다. 알라스카 및 시베리아 등지에서 빙하 속에 거대한 코끼리 '맘모스'의 화석이 많이 발견되는데, 특히 맘모스의 뱃속을 해부해 본 결과 방금 먹고 소화도 안 된 열대의 활엽수 잎이 들어 있었고 화산재도 들어 있었다. 이것은 진화론자들이 맘모스가 본래 열대지방에 살다가 빙하시대에 시베리아로 옮겨와서 멸종되었다는 주장이 잘못되었다는 것을 보여준다. 그 외에 양극지방에서 발견되는 아열대 생물들의 화석이나, 남극대륙에서 발견된 석탄층 등이 한때 이 지역이 따뜻한 지역이었음을 증명한다.

지구 전체를 담요처럼 덮고 있었던 수증기층은 우주에서 날아오는 유해한 전자기파로부터 지구상의 생물을 보호해 줌으로써 지구 표면은 생명체의 건강에 아주 좋은 쾌적한 환경이었을 것이다. 기후가 따뜻하고 환경이 좋으면 같은 생물이라도 성장 속도가 빠르고 크게 자라는 경향이 있다.

2. 홍수 이후의 환경변화

성경에서는 홍수 이후에 처음으로 추위, 더위, 여름, 겨울 등 기후와 계절 이야기가 나온다. 구름도 무지개를 이야기할 때 처음 등장한다. 이는 궁창 위의 물(수증기층)이 제거됨으로써 전 지구 표면이 골고루 온난하던 온실 효과가 없어지고, 추위와 더위의 차이가 생기게 되어 한대지방, 온대지방, 열대지방으로 구분이 생기고 4계절이 생기게 되었다.

궁창 위의 물이 제거됨에 따라 지표의 기압이 대폭 낮아져서 오늘과 같은 기압으로 되었고, 이에 따라 바다 및 지표수의 증발이 왕성하게 일어나게 되었다. 이 수증기들이 대기 중에서 응결되어 비나 눈이 내리게 되었다. 온도의 차이로 인한 저기압과 고기압이 형성되고 바람이 불기 시작하였다.

그리고 홍수 이후에 육지의 면적이 대폭 줄어들었다. 오늘날 수심 200m 이내의 대륙붕에는 많은 석유와 석탄이 매장되어 있는 것으로 보아 한때 분명히 육지였음에 틀림없다. 대륙붕의 면적이 전 지구표면의 약 12%인데, 이 대륙붕들만 육지였다고 하더라도 홍수 전 육지와 바다의 면적비는 오늘날과 같이 29 대 71이 아니라, 41 대 59가 된다. 따라서 노아 홍수 전에는 육지가 바다보다 넓었을 것이다.

홍수 이후의 환경이 사람들에게 끼친 영향이 있다. 첫 번째가 음식의 변화이다. 홍수 이전에는 채소와 과일이 사람의 음식이었는데(창 1:29), 홍수 이후에는 육식이 추가 되었다.

모든 산 동물은 너희의 먹을 것이 될지라 채소같이 내가 이것을 다 너희에게 주노라(창 9:3)

두 번째는 인간의 수명이 대폭 단축되었다. 수명의 단축은 환경변화에 그 원인이 있을 것이다. 기상 환경의 변화, 음식물의 변화, 고주파 방사선의 입사 등이 수명 단축에 영향을 주었음에 틀림없다. 오늘날 사하라 사막 같은 혹서 지역에서는 인간의 수명이 40-45세라고 한다. 또한 채식에서 육식 위주로 바뀜으로써 질병이 많아지고 수명이 단축된 것으로 볼 수 있으며, 유해한 방사선이나 직사광선에 노출됨으로써 노화 촉진이 가속화 되었을 것으로 보인다.

NOAH'S ARK

세인트 헬렌(St. Hellen) 산의 화산폭발

    미국 워싱턴 주의 빼놓을 수 없는 관광명소가 된 세인트 헬렌산은 1980년 5월 18일에 거대한 화산폭발을 일으켰다. 이 폭발은 2천만톤의 TNT 폭발과 맞먹는 위력을 가졌으며, 순식간에 150평방 마일의 숲을 쓰러뜨렸다. 지금도 고속도로를 타고 지나가다 보면 당시의 폭발로 인해 쌓인 화산재들이 큰 언덕을 이루고 있는 것을 볼 수 있다. 화산 북쪽에 있는 스피릿 호수(Spirit Lake)에는 엄청난 파도가 발생하여 주변의 나무들을 덮쳤다. 쓰러진 나무들이 호수에 쌓였다. 그 중에는 수직으로 퇴적된 나무들도 있다. 빠르게 진행된 퇴적층과 이탄층은 일반적으로 퇴적층이나 석탄이 수만, 수천년이 아닌 단기간에도 축적될 수 있음을 증명하고 있다.

CHAPTER 11

하나님의 축복과 영원한 언약

　하나님이 노아와 그 아들들에게 복을 주시며 그들에게 이르시되 생육하고 번성하여 땅에 충만하라 땅의 모든 짐승과 공중의 모든 새와 땅에 기는 모든 것과 바다의 모든 물고기가 너희를 두려워하며 너희를 무서워하리니 이것들은 너희 손에 붙이었음이라 모든 산 동물은 너희의 식물이 될지라 채소같이 내가 이것을 다 너희에게 주노라 그러나 고기를 그 생명 되는 피 채 먹지 말 것이니라 내가 반드시 너희의 피 곧 너희의 생명의 피를 찾으리니 짐승이면 그 짐승에게서, 사람이나 사람의 형제면 그에게서 그의 생명을 찾으리라 다른 사람의 피를 흘리면 그 사람의 피도 흘릴 것이니 이는 하나님이 자기 형상대로 사람을 지으셨음이니라 너희는 생육하고 번성하며 땅에 가득하여 그 중에서 번성하라 하셨더라 하나님이 노아와 그와 함께 한 아들들에게 말씀하여 이르시되 내가 내 언약을 너희와 너희 후손과 너희와 함께 한 모든 생물 곧 너희와 함께 한 새와 가축과 땅의 모든 생물에게 세우리니 방주에서 나온 모든 것 곧 땅의 모든 짐승에게니라 내가 너희와 언약을 세우리니 다시는 모든 생물을 홍수로 멸하지 아니할 것이라 땅을 멸할 홍수가 다시 있지 아니하리라 하나님이 이르시되 내가 나와 너희와 및 너희와 함께 하는 모든 생물 사이에 대대로 영원히 세우는 언약의 증거는 이것이라 내가 내 무지개를 구름 속에 두었나니 이것이 나와 세상 사이의 언약의 증거니라 내가 구름으로 땅을 덮을 때에 무지개가 구름 속에 나타나면 내가 나와 너희와 및 육체를 가진 모든 생물 사이의 내 언약을 기억하리니 다시는 물이 모든 육체를 멸하는 홍수가 되지 아니할지라 무지개가 구름 사이에 있으리니 내가 보고 나 하나님과 땅의 모든 육체를 가진 땅의 모든 생물들 사이의 영원한 언약을 기억하리라 하나님이 노아에게 또 이르시되 내가 나와 땅에 있는 모든 생물 사이에 세운 언약의 증거가 이것이라 하셨더라(창 9:1-17)

1. 노아와 하나님의 축복

온 인류가 다 홍수로 멸망하였다. 그러나 노아의 가정은 구원을 받았다. 대홍수 이후에 하나님께서 노아에게 첫 번째로 주신 말씀은 축복의 말씀이었다.

하나님이 노아와 그 아들들에게 복을 주시며 그들에게 이르시되 생육하고 번성하여 땅에 충만하라(창 9:1)

이 말씀은 하나님께서 태초에 인간을 창조하신 후 첫 번째로 주신 말씀을 다시 반복한 것이다. 그럼으로써 하나님은 노아를 기점으로 인간의 역사를 새롭게 시작하셨다.

하나님이 인간을 하나님의 형상대로 창조하신 것이나 대홍수 심판으로부터 노아를 구원하셔서 인류의 새로운 역사를 시작하도록 하신 것은 모두 다 인간들을 축복하기 위함이셨다. 하나님은 인간에게 복주시기를 원하는 분이라는 것을 성경은 분명하게 증거하고 있다.

1) 인간의 창조와 노아의 대홍수 후 주신 첫 번째 말씀이 "복 주시며 이르시되…"였다.
2) 아브라함을 부르시면서 약속하신 말씀도: '복의 근원'

으로 삼겠다(창 12:2)는 말씀이셨다.

3) 하나님이 4백년간이나 애굽에서 종살이하던 이스라엘 백성들을 출애굽시킨 이유도 그들을 '제사장 나라'(출 19:5-6)로 삼기 위해서라고 하셨다. 제사장이란 하나님의 축복을 백성들에게 전달하는 축복의 전달자이다. 출애굽한 이스라엘 백성들은 하나님의 구원의 축복을 온 세상 모든 민족에게 전달해야 할 사명이 있었다. 하나님께서 우리들을 새 이스라엘 백성으로 삼으신 것도 땅끝까지 이르러 하나님의 구원을 전하도록 하기 위한 것이다.

4) 성경책을 손으로 잡고 가운데를 펴면 시편이 나온다. 150편으로 된 시편은 "복 있는 사람은"(시 1:1)으로 시작한다.

5) 신약성경의 처음에 나오는 네 권의 책이 "복된 말씀"이라는 뜻의 복음서이다. 예수의 생애를 기록한 이 책들을 복음서라고 하는 이유는, 이 땅에 오신 예수를 전하는 것이 바로 복된 소식이기 때문이다.

복음서의 첫 번째 책인 마태복음에는 예수께서 행하신 설교를 크게 다섯 덩어리로 묶어 놓았는데, 그 중에 첫 번째 설교모음이 산상수훈이다. 산상수훈은 "심령이 가난한 자는 복이 있나니 저들이 하나님을 볼 것이요"(마 5:3)라는 말씀을 시작으로 한 팔복이 제일 먼저 나온다.

헬라어 원문으로 보면 팔복의 각 절은 '마카리오이'(복이 있나니)라는 말로 시작하는데, 이는 인간을 향한 주님의 뜻이 축복에 있음을 분명하게 보여준다.

6) 성경의 마지막 책인 요한계시록은 "복있는 자들"에 대한 말씀으로 시작하고 끝맺는다.

이 예언의 말씀을 읽는 자와 듣는 자와 그 가운데에 기록한 것을 지키는 자는 복이 있나니 때가 가까움이라(계 1:3)

나는 알파와 오메가요 처음과 마지막이요 시작과 마침이라 자기 두루마리를 빠는 자들은 복이 있으니 이는 그들이 생명나무에 나아가며 문들을 통하여 성에 들어갈 권세를 얻으려 함이로다(계 22:13-14)

이렇듯 성경은 하나님께서 인간에게 주시고자 하는 축복의 책이요 복음이다. 그러나 우리가 명심해야 할 것은, 하나님께서 주시는 축복은 세상에서 말하는 축복과 다르다는 사실이다. 오늘날 기독교가 기복종교라는 비판을 받는 것은 하나님께서 주시는 복을 구하기보다 자신이 원하는 세상의 욕심을 하나님의 이름으로 잘못 구하는 데에 있다.

2. 영원한 언약과 증표

대홍수 이후에 하나님은 노아와 영원한 언약을 맺으셨다. 노아의 대홍수는 단순히 큰 물난리가 아니라 창조 이전의 상태로 돌이켜 버리시려는 하나님의 심판이셨다. 그러나 하나님은 노아의 방주를 통해 노아의 가족들과 방주에 들어간 생물들로 하여금 새롭게 시작할 수 있도록 하셨다. 그리고 노아와 영원한 언약을 세우시면서, 무지개가 있는 한 다시는 물로 세상을 심판하지 않겠다고 약속하셨다.

1) 영원한 언약

'언약'은 성경을 관통하고 있는 가장 핵심적인 주제다. '언약'을 히브리어로 '베리트'(Berith)라고 하는데, 이는 계약 자체를 의미하기도 하지만, 더욱 중요한 의미는 계약 당사자 간의 관계에 초점을 두고 있다. 이 언약은 예수 그리스도를 통해 온전하게 이루어졌다. 노아로부터 시작된 영원한 언약은 아브라함, 출애굽한 이스라엘 백성들, 다윗, 그리고 온 인류에게까지 이어지고 있다. 하나님은 영원한 언약을 체결하시면서 그 증표를 주셨다.

이것을 도표로 보면 다음과 같다.

시대구분	계약상대	영원한 언약의 증표	성경본문
태고사	노아	무지개	창 9:8-17
족장시대	아브라함	할례	창 17:1-14
출애굽시대	이스라엘 백성	안식일	출 31:16-17
왕국시대	다윗	왕국	삼하 7:15-16; 23:1-5
신약시대	우리들(새언약)	십자가 보혈	히 13:20-21

노아와의 영원한 언약

창세기 6장에 보면, 인간의 죄악이 갈수록 극심한 것을 보신 하나님께서 인간을 창조하신 것을 한탄하시면서 온 지면에서 인간을 쓸어버릴 것을 결심하셨다. 창세기 7장 11절에 따르면, 큰 깊음의 샘들이 터지며 하늘의 창들이 열려 40주야를 비가 땅에 쏟아졌다.

어린 시절 고향에서 지루한 장마 끝에 하늘에 걸쳐 있는 일곱 색깔 무지개를 보며 감탄하던 기억이 있다. 그러나 성장하면서 무지개를 본 기억이 그렇게 흔하지 않다. 비가 오나 눈이 오나 하늘을 올려다 볼 틈도 없이 그저 바쁘게 살아 온 시간들로 가득 차 있을 뿐이다. 독일에 있을 때 어린 딸과 공원에 놀러 갔다가 작은 분수에 가볍게 걸쳐 있는 무지개를 보고 문득 어린 시절의 고향이 생각났다.

오늘날에는 환경의 위기라는 말을 쉽게 듣는다. 오존층의 파괴, 산성비, 원자비 등등 어쩌면 비가 온 이후에도 무지개가 하늘에 걸쳐지지 않을 날이 올 지도 모르겠다는 생각을 갖게 한다. 우리나라는 거의 1년에 한두 번씩 장마와 홍수로 인해 곤욕을 치른다. 그때마다 신문지상에 오르내리는 말이 천재냐 인재냐 하는 문제다. 물 관리를 책임진 사람들이 자신의 책임을 소홀히 했기 때문이라는 것이다. 그럼에도 정작 잘못을 인정하는 사람이 없기 때문에 항상 문제가 되고 있다. 물로는 인간의 죄악된 버릇을 고칠 수 없다는 생각이다.

아브라함과의 영원한 언약

내가 내 언약을 나와 너와 네 대대 후손 사이에 세워서 영원한 언약을 삼고 너와 네 후손의 하나님이 되리라…너희 집에서 난 자든지 너희 돈으로 산 자든지 할례를 받아야 하리니 이에 내 언약이 너희 살에 있어 영원한 언약이 되려니와(창 17:7, 13)

할례란 태어난 지 8일된 남자 아이의 양피를 자르는 것이다. 몸에 새겨진 증거는 자신을 분명하게 구별해 준다. 그러나 몸에 새겨진 증거는 인간의 사악한 마음에 의해서 왜곡될 수 있다.

안소니 퀸 주연의 영화 〈25시〉에 보면, 루마니아를 침공한 독일군들이 할례 여부를 가지고 유대인을 구별해내는 장면이 나온다. 주인공은 분명 유대인이 아닌데도 불구하고 할례를 받은 것이 분명하다며 유대인 수용소로 넘겨진다. 그의 아내를 빼앗으려는 관리의 음모 때문이었다. 이렇듯 몸의 증거는 인간의 그릇된 욕심에 따라 진실하지 못할 때가 있다.

할례는 하나님과 언약을 맺은 하나님의 백성임을 나타내는 증거인데, 육신의 할례만 주장하고 하나님께서 원치 않으시는 악을 행하는 이스라엘 백성들도 마찬가지였다. 악을 행하는 그들에게 있어서 할례는 구원의 표가 될 수 없었다. 그러므로 구약의 예언자들은 할례라는 율법적인 형식이 중요한 것이 아니라, 회개를 통한 하나님과의 진실한 관계가 더욱 중요하다고 강조하였다.

> 그러므로 너희는 마음에 할례를 행하고 다시는 목을 곧게 하지 말라(신 10:16)

> 유다인과 예루살렘 주민들아 너희는 스스로 할례를 행하

여 너희 마음 가죽을 베고 나 여호와께 속하라 그리하지 아니하면 너희 악행으로 말미암아 나의 분노가 불 같이 일어나 사르리니 그것을 끌 자가 없으리라(렘 4:4)

사도 바울도 아브라함이 할례를 받음으로 의롭게 된 것이 아니라, 할례받기 전에 이미 믿음으로 의롭게 되었기 때문에 할례가 결코 구원의 조건이 될 수 없음을 강조하였다.

그가 할례의 표를 받은 것은 무할례시에 믿음으로 된 의를 인친 것이니 이는 무할례자로서 믿는 모든 자의 조상이 되어 그들도 의로 여기심을 얻게 하려 하심이라(롬 4:11)

이스라엘 백성과의 영원한 언약

이같이 이스라엘 자손이 안식일을 지켜서 그것으로 대대로 영원한 언약을 삼을 것이니 이는 나와 이스라엘 자손 사이에 영원한 표징이며 나 여호와가 엿새 동안에 천지를 창조하고 제 칠일에 쉬었음이니라 하라(출 31:16-17)

안식일을 지키는 것은 인간의 결단을 통해서 가능하다. 복되고 거룩한 날인 안식일에 참여하는 것은 누구의 압력에 굴복해서가 아니라 자신의 결단과 의지를 통한 것이다. 안식일을 지킨다는 것은 하나님의 창조와 영원한 안식에 참여하는 것이다.

역사적으로 이스라엘 백성들이 할례와 안식일을 지키는 것을 엄격하게 시행하기 시작한 것은, 국가가 멸망하고 예루살렘 성전이 파괴되고 난 다음 바빌론에 포로로 끌려가서부터이다. 바빌론에 포로로 끌려간 이스라엘 백성들은 고도로 발달된 문명과 거대한 바벨탑 위에 세워진 마르둑(Marduk) 신전을 목격하면서 충격과 함께 심각한 위기의식을 느꼈다.

바빌론의 수도를 둘러싸고 있는 사방 18km에 이르는 성벽은 지금도 세계의 불가사의 가운데 하나로 꼽힐 정도로 뛰어나다. 도시 중앙에 있는 마르둑 신전은 지구라트라고 하는 90m 높이의 탑 꼭대기에 세워져 있다. 이스라엘 백성들이 자랑하는 솔로몬 성전의 높이가 30규빗으로 대략 15m정도 되니까 이스라엘 백성들의 충격을 상상해 볼 수 있다.

일제시대에 어떻게 해서든 일본인처럼 행세하여 잘 살아보려고 했던 사람들이 있었던 것처럼, 이스라엘 사람 중에도 바빌론인 행세를 하여 거기에 동화되어 가는 사람들이 나타나 이스라엘 민족의 순수성이 흐려질 위기에 빠졌다. 또한 바빌론 제국이 섬기는 신 마르둑 신전의 웅장함과 화려함 때문에 여호와 하나님에 대한 신앙의 위기가 나타났다. 마르둑 신은 바빌론이 섬기는 최고의 신이다.

바벨탑은 바빌론어로 에테메낭키(Etemenanki)라고 하는데, "하늘과 땅의 주춧돌"이라는 뜻이다. 바빌론에서는 새해가 되면 이 신전에서 12일 동안 왕이 직접 거행하는 거대한 축제가 벌어진다. 처음 4일간 노래와 기도를 한 다음에 바빌론의 모든 사람들을 이 신전으로 모아 놓고 마르둑 신을 찬양하는 서사시(에누마 엘리쉬)를 낭독한다. 악마의 여신 티아맛을 활로 쏘아 죽이고, 그 몸을 둘로 잘라 하늘과 땅을 만든 다음에 그 피로 인간을 만들어 신들에게 시중들도록 한 마르둑 신은 위대한 신, 신중의 신이 되었다고 선포한다.

이러한 민족적이고 신앙적인 위기 속에서 이스라엘 백성들은 할례를 통해 바빌론인들과 자신을 구별하고, 안식일을 지킴으로써 이 세계를 창조한 신은 마르둑이 아니라 여호와 하나님이라는 고백을 한 것이다. 이스라엘 백성들은 할례와 안식일이 하나님의 영원한 언약의 증표라는 것을 굳게 믿었다.

그러나 그 이후에 이스라엘 백성들이 할례받은 것만 자랑하고, 안식일 규정에 대한 수십 가지 엄격한 법을 만들어 무조건 지키게 함으로써 하나님의 뜻과는 어긋나는 결과가 나타나기 시작하였다. 성경에도 보면, 병자를 고친 예수에 대해 안식일을 어겼다고 비난하기만 하던 바리새인들의 모습이 자주 나온다. 이러한 바리새적인 태도에 대해 예수께서는 이렇게 말씀하셨다.

또 이르시되 안식일이 사람을 위하여 있는 것이요 사람이 안식일을 위하여 있는 것이 아니니 이러므로 인자는 안식일의 주인이니라(막 2:27-28)

다윗과의 영원한 언약
다윗은 임종을 앞두고 자신의 일생을 이렇게 고백하였다.

내 집이 하나님 앞에 이같지 아니하냐 하나님이 나와 더불어 영원한 언약을 세우사 만사에 구비하고 견고하게 하셨으니 나의 모든 구원과 나의 모든 소원을 어찌 이루지 아니하시랴(삼하 23:5)

다윗은 파란만장한 일생을 살면서 오직 하나님의 언약을 의지하여 모든 어려움을 극복하였다. 영원토록 변치 않는 언약을 소금 언약이라고 한다.

이스라엘 하나님 여호와께서 소금 언약으로 이스라엘 나라를 영원히 다윗과 그 자손에게 주신 것을 너희가 알 것 아니냐(대하 13:5)

온 인류와의 영원한 언약

양들의 큰 목자이신 우리 주 예수를 영원한 언약의 피로 죽은 자 가운데서 이끌어 내신 평강의 하나님이 모든 선한 일에 너희를 온전케 하사 자기 뜻을 행하게 하시고 그 앞에 즐거운 것을 예수 그리스도로 말미암아 우리 가운데서 이루시기를 원하노라 영광이 그에게 세세무궁토록 있을지어다 아멘(히 13:20-21)

하나님과 우리 사이에 맺은 영원한 언약의 증표는 예수께서 흘리신 보혈의 피다. 예수의 보혈로 영원한 언약의 증표를 삼으신 하나님께서는 우리로 하여금 선한 일을 하도록 하고, 주님의 뜻을 행하도록 한다. 그리고 예수 그리스도로 인한 즐거움을 갖도록 하신다. 이렇듯 하나님의 언약에는 당신의 사랑이 담겨져 있는 동시에, 우리가 이 땅에서 어떻게 살아야 할 것인가를 가르쳐 준다.

우리는 결혼서약을 할 때 언약의 증표로 예물을 교환한다. 이 증표는 영원한 사랑의 증거일 뿐만 아니라 서로에 대한 책임을 나타낸다. 하나님과 우리 사이에 세워진 영원한 언약의 증표도 마찬가지다. 하나님은 무지개를 통해, 할례와 안식일을 통해, 값없이 주시는 주님의 보혈을 통해 우리에게 사랑을 약속하셨다. 동시에 주님의 보혈을 통한 영원한 언약의 증표에는 하나님이 원하시는 대로 행해야 할 우리의 책임이 담겨 있다.

2) 무지개

무지개는 하나님께서 더 이상 홍수로는 생명체를 멸망시키지 않겠다고 하신 영원한 언약의 증표이다. 아리스토텔레스는 빨주노초파남보 일곱 색깔로 된 무지개의 색 중에서 빨간 색이 가장 순수하다고 주장하기도 하였는데, 무지개가 대기의 물방울에 의한 것이라는 사실은 1304년에 베이컨에 의해 검증되었고, 1635년 데카르트가 이를 증명하였다.

무지개에 관한 과학적인 이론을 보면, 햇빛이 공중에 떠 있는 물방울 속으로 들어가면 빛의 경로는 꺾인다. 빛의 꺾이는 정도는 빛의 색깔마다 다른데 보라색이 빨간색보다 더 많이 꺾인다. 색깔별로 퍼짐으로 물방울 안에서 진행하던 빛은 물방울과 공기의 경계면에서는 반사한다. 물론 그 중 일부는 공기 중으로 꺾여 나간다. 이때 빛이 공기와의 경계면으로 들어가는 각도와 반사하는 각도는 같다. 반사된 빛은 다시 물방울 속에서 진행하다가 다시 공기와의 경계면과 만나면 일부는 반사하고 일부는 공기 중으로 꺾여서 물방울 밖으로 그 모습을 드러낸다. 이것이 우리가 보는 무지개다. 이때 덜 꺾인 빨간색 빛은 아래쪽으로, 많이 꺾인 보라색 빛은 위쪽으로 나온다. 물방울로 들어 온 햇빛과 물방울에서 나오는 빨간색 빛 사이의 각도는 42도, 보라색 빛은 40도 정도 된다.

구약성경의 원어인 히브리어로 보면, 무지개는 전쟁의 무기인 활을 가리킨다. 무지개는 둥글게 휘어져 있는 모습이 마치 하늘을 향해 화살을 당긴 활 시위의 모습과 같다. 하나님이 계신 하늘을 향해 화살이 당겨져 있는 활의 모습과 같은 무지개는 인간의 반역과 배반에도 불구하고 하나님께서 그 책임을 스스로 짊어지시겠다는 것, 즉 자신의 죽음을 통해서라도 인간의 죄를 담당하시겠다는 은총의 표현이다. 이러한 하나님의 은총이 역사적으로 나타난 것이 예수 그리스도의 십자가 사건이다.

NOAH'S ARK

무지개

워즈워드

하늘에 무지개 바라보면
내 마음 뛰노나니,
나 어려서 그러하였고
어른 된 지금도 그러하거늘
나 늙어서도 그러할지어다
아니면 이제라도 나의 목숨 거둬 가소서

어린이는 어른의 아버지
원하노니 내 생애의 하루하루가
천생의 경건한 마음으로 이어질진저...

CHAPTER 12

노아의 예언과 가나안적 저주

　방주에서 나온 노아의 아들들은 셈과 함과 야벳이며 함은 가나안의 아버지라 노아의 이 세 아들로부터 사람들이 온 땅에 퍼지니라 노아가 농사를 시작하여 포도나무를 심었더니 포도주를 마시고 취하여 그 장막 안에서 벌거벗은지라 가나안의 아버지 함이 그의 아버지의 하체를 보고 밖으로 나가서 그의 두 형제에게 알리매 셈과 야벳이 옷을 가져다가 자기들의 어깨에 메고 뒷걸음쳐 들어가서 그들의 아버지의 하체에 덮었으며 그들이 얼굴을 돌이키고 그 아버지의 하체를 보지 아니하였더라 노아가 술이 깨어 그의 작은 아들이 자기에게 행한 일을 알고 이에 이르되 가나안은 저주를 받아 그 형제의 종들의 종이 되기를 원하노라 또 이르되 셈의 하나님 여호와를 찬송하리로다 가나안은 셈의 종이 되고 하나님이 야벳을 창대하게 하사 셈의 장막에 거하게 하시고 가나안은 그의 종이 되게 하시기를 원하노라 하였더라 홍수 후에 노아가 삼백 오십년을 살았고 그의 나이가 구백 오십 세가 되어 죽었더라 (창 9:18-29)

대홍수 심판으로부터 살아남은 사람은 노아의 여덟식구뿐이었다. 넓은 지구가 노아의 정원이요, 넓은 땅이 모두가 그의 밭이었다. 방주에서 나온 노아는 포도농사를 시작하였다. 여기서 성경에 포도가 처음으로 등장한다. 이것은 포도재배의 역사가 매우 오래되었음을 보여준다. 그런데 성경에 처음으로 등장한 포도로 인해 인류의 또 다른 비극이 시작되었다.

미드라쉬에 따르면, 노아로 하여금 포도나무를 발견하게 하고, 심고 기르게 한 것은 사단이었다고 한다. 에덴동산에서 아담과 하와에게 죄를 짓게 한 사단이 노아에게도 죄를 짓도록 유혹한 것이다. 사단과 노아는 이런 대화를 나누었다.
사단: 무엇을 심으려고 하느냐?
노아: 포도나무를 심으려고 한다.
사단: 포도를 심어서 무엇을 하려고 하느냐?

노아: 포도에서 포도 열매를 따려고 한다. 포도는 그대로 먹어도 좋고 말려서 먹어도 달다. 특별히 포도주는 사람들을 즐겁게 한다.

사단: 좋다. 그럼 내가 같이 가서 포도농사를 짓는 것을 도와주겠다.

노아: 그렇게 해준다면 좋지.

노아의 동의를 얻은 사단은 물러갔다. 그리고 양과 사자와 돼지와 원숭이를 잡았다. 네 동물의 피를 받아 포도원으로 왔다. 좋은 포도를 만드는데 꼭 필요한 거름이 된다고 하면서 포도나무에 네 동물의 피를 부었다.

그래서 포도주를 마시는 사람들마다 네 가지 동물의 성격이 나타나기 시작하였다. 포도주를 마시기 전에는 양같이 온순한 사람이 포도주를 조금 마시고 나면 사자같이 으르렁거리며 강해진다. 조금 더 마시고 나면 돼지처럼 지저분해진다. 말과 행동이 다 더러워지기 시작한다. 절제하지 못하고 더 마시게 되면 원숭이처럼 춤을 추고 노래를 한다. 무슨 일을 하여야 할지 모르고 원숭이처럼 방황하고 부끄러움도 없이 이성을 잃은 사람처럼 행동한다.

에덴동산에 있던 아담에게 따먹지 말아야 할 열매가 선악과였다면, 노아가 먹지 말아야 할 것은 포도주였는지도 모른다. 장수한 노인의 비결을 보니 절제였다. 과음, 과식, 과로, 과색, 이 네 가지를 절제하면 장수할 수 있다는 것이다. 반면에 무절제한 사람은 부끄러움을 당한다.

그런데 노아는 포도주를 마시고 만취한 채 대낮에 벌거벗고 장막에 누워 정신없이 자게 되었다. 이것을 노아의 아들 함이 보고 형제들인 셈과 야벳에게 말하였다. 셈과 야벳은 아버지를 보지 않도록 얼굴을 돌리고 가서 옷으로 하체를 덮어 주었다. 잠에서 깨어난 노아가 이 일로 인해 셈과 야벳은 축복을 하고 함의 아들 가나안은 저주를 하였다.

가나안은 저주를 받아 그 형제의 종들의 종이 되기를 원하노라 또 이르되 셈의 하나님 여호와를 찬송하리로다 가나안은 셈의 종이 되고 하나님이 야벳을 창대하게 하사 셈의 장막에 거하게 하시고 가나안은 그의 종이 되게 하시기를 원하노라(창 9:25-27)

노아는 당시 최고의 의인이었지만, 포도주로 인해 무절제한 실수를 범하게 되고, 그로 인한 성적인 죄로 말미암아 함의 네 번째 아들인 가나안이 저주를 받았다(창 10:25). 가나안이 저주를 받은 것은 그의 아비 함이 아버지의 부끄러운 것을 보고 다른 형제들에게 말하였기 때문이다. 남의 단점을 드러내는 것보다 가려주는 것이 미덕이다.

함의 잘못으로 인해 그의 아들 가나안이 저주를 받은 이유에 대해서는 여러 가지 의견이 있는데, 가장 중요한 것은 함에 의해 드러난 노아의 성적인 수치가 가나안을 통하여 이 세상에 음란의 죄로 퍼져나갔다는 데에 있다.

가나안은 하나님이 자기 백성들을 위해 예비한 땅에 거하는 11족속의 아비가 되었다(창 10:15; 레 25:23; 신 32:8-9). 북으로는 시돈에서부터 남으로 가사에까지, 서로는 지중해 연안에서 동으로는 동부 요르단 지역에 이르기까지 거주한 가나안에게 임한 음란의 저주는 계속 강같이 흘러 내렸다(레 18장 참고). 이런 음란을 향하여 하나님은 이렇게 경고하셨다.

너희는 너희가 거주하던 애굽 땅의 풍속을 따르지 말며 내가 너희를 인도할 가나안 땅의 풍속과 규례도 행하지 말고 너희는 내 법도를 따르며 내 규례를 지켜 그대로 행하라 나는 너희의 하나님 여호와니라 (레 18:3-4)

너희는 이 모든 일로 스스로 더럽히지 말라 내가 너희의 앞에서 쫓아내는 족속들이 이 모든 일로 인하여 더러워졌고 그 땅도 더러워졌으므로 내가 그 악을 말미암아 벌하고 그 땅도 스스로 그 주민을 토하여 내느니라 그러므로 너희 곧 너희의 동족이나 혹시 너희 중에 거류하는 거류민이나 내 규례와 내 법도를 지키고 이런 가증한 일의 하나라도 행하지 말라 너희의 전에 있던 그 땅 주민이 이 모든 가증한 일을 행하였고 그 땅도 더러워졌느니라 너희도 더럽히면 그 땅이 너희 있기 전 주민을 토함같이 너희를 토할까 하노라 이 가증한 모든 일을 행하는 자는 그 백성 중에서 끊어지리라 그러므로 너희는 내 명령을 지키고 너희가 들어가기 전에 행하던 가증한 풍속을 하나라도 따름으로 스스로 더럽히지 말라 나는 너희 하나님 여호와니라(레 18:24-30)

1. 이스라엘 역사 속에 나타난 가나안의 영향

1) 출애굽 시대에 모압 왕 발락이 이스라엘을 저주하기 위해 돈을 주고 메소포타미아의 유명한 예언자 발람을 불러왔다. 발람은 이스라엘을 저주하기 위해 나귀를 타고 나아갔지

만, 하나님의 사자가 가로막고 있어 나귀가 앞으로 나아가지 못했다. 하나님의 사자 때문이라는 것을 깨달은 발람은 오히려 이스라엘을 축복하게 된다.

내가 그를 보아도 이 때의 일이 아니며 내가 그를 바라보아도 가까운 일이 아니로다 한 별이 야곱에게서 나오며 한 규가 이스라엘에게서 일어나서 모압을 이 쪽에서 저 쪽까지 쳐서 무찌르고 또 셋의 자식들을 다 멸하리로다(민 24:17)

그런데도 이스라엘 백성들 중에 모압 여인들과 음행을 하며 발람의 교훈을 좇는 이들이 있었다. 모압의 신 바알브올을 숭배하는 자들도 나왔다.

보라 이들이 발람의 꾀를 따라 이스라엘 자손을 브올의 사건에서 여호와 앞에 범죄하게 하여 여호와의 회중 가운데에 염병이 일어나게 하였느니라(민 31:16)

2) 여호수아와 사사 시대에 가나안인들이 이스라엘 백성들 가운데 남아 있음으로 시험거리가 되었다.

3) 에브라임 산지에 사는 미가가 은 신상과 에봇과 드라빔을 만들고, 떠돌이 레위인으로 제사장을 삼았다. 나중에 단 지파가 자신들의 정착할 곳을 찾아 북쪽으로 올라가던 중 미가의 제사장과 에봇과 드라빔과 우상을 가지고 가서 별도의 제단을 만들어 우상숭배 하는 자들이 되었다. 그 이후 단 지파는 분열왕국 시대에 우상숭배의 중심지가 되었다.

4) 솔로몬이 성전을 건축할 때 두로 사람 놋점장이 히람뿐만 아니라, 성전건축 일꾼 중 가나안인이 156,300명(담군 7만, 벌목 8만, 감독인 6,300명)인데 반하여, 이스라엘인들은 역군 3만명(왕상 5:13)과 감독 250명(대하 8:10)이었다. 감독자중 한 사람인 여로보암은 에브라임 지파 사람으로 솔로몬 사후에 왕국을 분열시켜 북이스라엘을 세우고 도처에 우상숭배의 제단을 쌓아 하나님께 범죄하였는데, 그 이유로 여로보암의 배후에는 가나안들이 있었다.

5) 아합왕과 왕비 이세벨은 북이스라엘 온 땅을 우상숭배의 나라로 만들어 버리고 말았다.

오므리의 아들 아합이 그 이전의 모든 사람보다 여호와 보시기에 악을 더욱 행하여 느밧의 아들 여로보암의 죄를 따라 행하는 것을 오히려 가볍게 여기며 시돈 사람의 왕 엣바알의 딸 이세벨을 아내로 삼고 가서 바알을 섬겨 예배하고 사마리아에 건축한 바알의 신전 안에 바알을 위하여 제단을 쌓으며 또 아세라 상을 만들었으니 이는 그 이전의 이스라엘의 모든 왕보다 심히 이스라엘 하나님 여호와를 노하시게 하였더라 (왕상 16:30-33)

6) 두로(겔 26-28장)는 사단의 총본부요 바빌론(사 13-14장)은 사단의 병영이며, 애굽은 악령의 소굴이다.

너 아침의 아들 계명성이여 어찌 그리 하늘에서 떨어졌으며 너 열국을 엎은 자여 어찌 그리 땅에 찍혔는고 네가 네 마음에 이르기를 내가 하늘에 올라 하나님의 뭇별 위에 내 자리를 높이리라 내가 북극 집회의 산 위에 앉으리라 가장 높은 구름에 올라 지극히 높은 자와 비기리라 하는도다(사 14:12-14)

7) 스가랴 예언자는 마지막 때가 되면 가나안인들의 영향이 끊어지리라는 것을 예언했다.

예루살렘과 유다의 모든 솥이 만군의 여호와의 성물이 될 것인즉 제사 드리는 자가 와서 이 솥을 가져다가 그것으로 고기를 삶으리라 그 날에는 만군의 여호와의 전에 가나안 사람이 다시 있지 아니하리라(슥 14:21)

2. 가나안적 저주를 끊은 사람들

이렇듯 이스라엘 역사 속에 끊임없이 흐르고 있는 가나안적 저주의 물줄기를 끊은 사람들이 있다. 그들은 가나안인이면서도 그 물줄기에서 벗어난 사람들로, 예수의 족보(마 1장)에 나오는 다말, 라합과 룻이며, 예수께서 그 믿음을 칭찬하셨던 수로보니게 족속 가나안 여인도 여기에 포함된다.

1) 다말

구약성경을 읽다 보면 당황할 때가 있다. 특히 윤리적으로 용납할 수 없는 일을 행하는 사람을 통하여 하나님께서 역사하신다는 말씀을 대하게 되면 더욱 당황하게 된다.

그 중에 가장 대표적인 본문이 창세기 38장의 다말 이야기이다. 다말은 가나안 여인으로 유다의 며느리가 되었지만, 과부가 되었다가 계획적으로 시아버지와 동침하여 쌍둥이를 낳

앉다. 근친상간을 행한 다말에게는 분명 가나안의 피가 흐르고 있었다. 율법은 이런 성적 범죄를 엄금하고 있다. 율법에 따르면 다말은 죽을 죄를 범하였다. 그런데도 다말은 용서받았을 뿐만 아니라 다윗과 예수 그리스도의 조상이 되었다. 마태복음 1장에 보면, 다말은 예수 그리스도의 족보에서 그 이름이 첫번째로 나오는 여인이 되었다.

유다는 이스라엘 12지파 가운데 으뜸가는 지파이다. 야곱의 축복(창 49장)에서 열두 아들 가운데 르우벤이 장자고, 유다는 네번째 아들이었지만, 유다가 가장 많은 축복을 받았다.

유다야 너는 네 형제의 찬송이 될지라 네 손이 네 원수의 목을 잡을 것이요 네 아버지의 아들들이 네 앞에 절하리로다 유다는 사자 새끼로다 내 아들아 너는 움킨 것을 찢고 올라갔도다 그가 엎드리고 웅크림이 수사자 같고 암사자 같으니 누가 그를 범할 수 있으랴 규가 유다를 떠나지 아니하며 통치자의 지팡이가 그 발 사이에서 떠나지 아니하시기를 실로가 오시기까지 미치리니 그에게 모든 백성이 복종하리로다 그의 나귀는 포도나무에 맬 것이며 또 그 옷을 포도주에 빨며 그 복장을 포도즙에 빨리로다 그의 눈은 포도주로 인하여 붉겠고 그의 이는 우유로 인하여 희리로다(창 49:8-11)

유다는 야곱의 가장 사랑하는 아들 요셉보다 더 많은 축복을 받았다. 창세기 49장에 야곱이 12아들들에게 행한 축복기도의 글자 수가 모두 968자인데, 그중에 유다에게 한 축복기도의 글자 수가 242자로 전체의 4분의 1에 해당된다.

아브라함의 축복이 그의 아내 사라를 통하여 성취되었듯이 유다의 축복은 다말을 통하여 이루어졌다. 하나님의 구원역사는 과부가 되어 버림받은 여인이었던 다말을 통하여 이루어졌다. 세상에는 다말보다 더 정숙하고 아름다운 여인들도 많이 있었을 것이다. 그런데 왜 하필이면 다말이었는가? 그것도 시아버지 유다와 과부가 된 며느리 다말 사이 아닌가? 도대체 이와 같은 일을 이루시는 하나님은 어떤 분이신가?

첫째, 하나님은 보편적인 하나님이시다.

하나님은 특정한 한 민족, 한 사람만을 사랑하시는 분이 아니다. 하나님의 사랑은 이스라엘 민족뿐만 아니라 모든 민족들에게 열려 있다. 하나님께서 아브라함을 선택하실 때에도 "땅의 모든 족속이 너를 인하여 복을 얻을 것이니라"(창 12:3)고 약속하셨다.

아브라함에게 주어진 약속이 예수 그리스도에게서 성취되었다. 아브라함에서 예수 그리스도에 이르는 하나님의 약속의 계보를 나타내는 것이 마태복음 1장에 있는 "예수 그리스도의 족보"다. 예수 그리스도의 족보에는 마리아 외에 모두 네 명의 여인이 나온다. 가나안인 다말과 라합, 모압인 룻, 그리고 헷사람 우리야의 아내 밧세바이다. 다말은 유다의 자식을 낳았고, 룻은 다윗의 할아버지를, 밧세바는 솔로몬을 낳았다.

약속의 후손들을 낳은 여인들 중에 가장 결정적인 역할을 한 이들이 모두 가나안 여인들이었다. 하나님께서 아브라함을 선택하신 것도 그로 하여금 복의 근원으로 삼고자 함이다. 하나님께서는 모든 민족들이 구원받기를 원하신다.

> 그러므로 너희는 가서 모든 족속으로 제자를 삼아 아버지와 아들과 성령의 이름으로 세례를 베풀고 내가 너희에게 분부한 모든 것을 가르쳐 지키게 하라 볼지어다 내가 세상 끝날까지 너희와 항상 함께 있으리라(마 28:19-20)

둘째, 하나님은 사람들을 일꾼으로 쓰실 때에 새사람으로 만들어 쓰신다.

다말이 유다의 아들과 결혼할 때에는 가나안 여인이었다. 그러나 과부가 된 다말이 유다의 자식을 잉태했을 때는 이스라엘 여인이었다. 룻이 나오미의 아들과 결혼할 때에는 모압 여인이었다. 그러나 과부가 된 룻이 보아스와 결혼하였을 때는 이스라엘 여인이었다.

다윗이 밧세바와 간통하여 낳은 아들은 다윗의 죄값으로 죽었다. 그 아들이 죽을 때에 다윗은 가슴을 찢고 회개하였다. 그러나 하나님께서는 회개한 다윗을 사랑하고, 밧세바를 위로하기 위하여 아들을 주셨다. 그가 솔로몬이다. 하나님께서는 밧세바가 낳은 아들 솔로몬에게 하나님의 성전을 짓는 놀라운 은총을 허락하셨다.

하나님은 우리를 사랑하셔서 죄악 가운데 있는 우리들을 구원해 주셨다. 그러나 하나님께서 우리를 쓰실 때에는 세상에 있던 모습 그대로, 옛 습관, 옛 성격 그대로 쓰지 않으신다. 예수 그리스도 안에서 새 사람된 우리들을 하나님의 일꾼으로 쓰신다.

아버지의 유산을 받아 집을 뛰쳐나갔던 탕자가 거지같은 몰골을 하고 냄새나는 몸으로 돌아 올 때에, 아버지는 아들에게 달려가 입맞추고 기쁨으로 맞아들였다. 그러나 다른 사람들 앞에 소개할 때에는, 아들이 입고 있던 세상의 더러운 옷을 벗기고 몸을 깨끗이 씻긴 다음에 귀한 예복을 입혀 새사람으로 만들어 잔치 자리로 데려 갔다. 우리가 새사람이 된다는 것은 하나님 앞에서 의롭다 함을 얻는 것이다. 하나님께서는 의롭게 된 우리들을 통하여 역사하신다.

　모세가 시내산에서 하나님을 만났을 때에 세상의 때가 묻은 신을 벗었다. 야곱이 얍복강 가에서 하나님의 천사와 씨름할 때에 옛 이름을 버리고 새 이름을 얻었다. 여호수아가 여리고성 앞에서 하나님의 천사를 만났을 때에도 신발을 벗었다. 장군이 공격을 앞두고 군화를 벗은 것이다. 그러나 여호수아는 실패하지 않았다. 견고하던 여리고성이 무너졌다. 사도 바울이 다메섹 도상에서 주님을 만나고 난 다음에 눈에 덮인 비늘같은 것이 떨어졌다. 하나님은 옛 사람을 벗어버리고 거듭난 사람을 통하여 역사하신다.

　너희는 유혹의 욕심을 따라 썩어져 가는 구습을 따르는 옛 사람을 벗어 버리고 오직 너희의 심령이 새롭게 되어 하나님을 따라 의와 진리의 거룩함으로 지으심을 받은 새 사람을 입으라(엡 4:22-24)

　세번째로, 하나님은 율법적인 하나님이 아니라, 계약의 하나님이시다.
　다말이 시아버지 유다에게 행한 일은 사형에 이르는 범죄였다. 그러나 유다는 다말의 행동이 자기의 잘못 때문에 일어난 일이었음을 솔직하게 인정했다.

> 유다가 그것들을 알아보고 가로되 그는 나보다 옳도다 내가 그를 내 아들 셀라에게 주지 아니하였음이로다 하고 다시는 그를 가까이 하지 아니하였더라(창 38:26)

다말의 행동은 율법적으로만 판단할 문제가 아니다. 다말을 며느리로 맞이한 유다는 만약 그 아들이 죽으면 며느리 다말을 반드시 그다음 아들에게 보내야 할 의무가 있었다. 이러한 계약을 동서결혼(Levirat)이라고 하는데, 율법에 있는 이스라엘 백성들의 결혼법이다. 유다는 이 계약을 지키지 않았다. 과부가 되어 버림받은 며느리를 외면하고 멀리 타향으로 가 버리고 말았다. 다말은 시아버지 유다에게 계약의 문제를 제기하고 있는 것이다. 하나님의 율법은 불문률이 아니라 계약법이다. 하나님은 계약관계 속에서 인간의 행동을 판단하신다. 하나님은 사람을 율법적으로만 판단하시는 분이 아니다. 사람을 율법적으로 판단하는 것은 하나님의 이름을 빙자한 인간의 교만이다.

> 이는 내 생각이 너희 생각과 다르며 내 길은 너희 길과 다

름이니라 여호와의 말씀이니라 이는 하늘이 땅보다 높음 같이 내 길은 너희 길보다 높으며 내 생각은 너희 생각보다 높음이니라(사 55:8-9)

마지막으로 다말이라는 여인에 대해서 생각해 보면, 다말은 참으로 불행한 여인이었다. 형제들과 떨어져 남쪽에 내려온 떠돌이같은 유다의 집안에 시집을 왔다. 남편이 죽어 과부가 되었는데, 바로 아래 시동생도 죽었다. 막내 시동생과 시아버지에게서도 버림을 받았다. 가슴에 한을 안고 절망으로 살아가야 할 다말이었다. 그런데 그녀는 과감하게 일어나 타향으로 떠난 시아버지 유다를 찾아갔다. 다말은 자기 자신을 버림받은 인간으로 내버려두지 않았다. 그녀는 결코 좌절하지 않는 믿음으로 자신의 권리를 찾았을 뿐만 아니라, 하나님으로부터 넘치는 축복을 받았다.

계약의 하나님은 회개하는 자를 용서하여 주시는 하나님이다. 계약의 하나님은 구하는 자에게 반드시 응답하여 주시는 하나님이다. 하나님은 결코 우리들을 이 세상의 죄악 가운데 머물기를 원치 않으신다. 하나님은 결코 우리들을 버림받은 인간으로 내버려 두기를 원치 않으신다.

너희는 여호와를 만날 만한 때에 찾으라 가까이 계실 때에 그를 부르라(사 55:6)

2) 라합

하나님께서 여호수아에게 가나안 땅을 점령할 때에는 성 중의 모든 생명을 다 멸하라고 하셨다. 심지어는 짐승까지도 칼로 죽이라고 하셨다. 그래서 이스라엘이 여리고성을 함락할 때 성 안에 있는 모든 사람들을 다 죽였다. 그런데 이때 구원을 받은 사람이 있었다. 라합과 그녀의 가족들이었다. 라합의 식구들은 모두 가나안에 흐르는 저주를 끊고 하나님의 축복을 받은 사람들이 되었다.

라합을 통해 우리는 가나안적 저주를 끊는 믿음의 비결을 배울 수 있다. 라합은 이스라엘 정탐꾼들을 숨겨주었다. 하나님을 두려워 했기 때문이다. 여리고를 정탐한 두 정탐꾼이 라합에게 말했다.

우리가 이 땅에 들어올 때에 우리를 달아 내리운 창문에 이 붉은 줄을 매고 네 부모와 형제와 네 아버지의 가족을 다 네 집에 모으라(수 2:18)

붉은 줄은 오리게네스의 은유적 해석에 따르면 피를 의미한다. 피가 묻은 줄을 창문에 늘어뜨렸다. 이스라엘 백성들이 여리고성에 들어갔을 때 모두를 죽이면서도 붉은 줄이 있는 라합 가정만은 손을 대지 않았다. 가나안의 저주가 멈추는 순간이었다. 애굽에 있을 때에도 문에 피를 바른 이스라엘 백성들의 집에는 결코 죽음이 임하지 않았다.

그 후 라합은 유다 지파의 사람과 결혼하였다. 라합의 후손 중에 예수께서 탄생하는 축복을 받았다. 그래서 예수의 족보에 라합의 이름이 들어가게 되었다(마 1:5). 가나안에 줄기차게 흐르는 피가 라합 속에 있었다. 라합도 기생이었다. 누가 보아도 가나안의 피였다. 그러나 피로 말미암아 저주를 축복으로 돌려 놓았다. 라합은 가나안의 저주 속에 살다가 저주를 끊고 축복으로 돌아 선 사람이 되었다.

3) 룻

룻은 가나안의 저주에서 탈출하여 생명을 얻었을 뿐만 아니라 예수의 조상이 되는 축복을 받은 여인이 있었다. 룻은 본래 모압 자손이었다(룻 1:4). 모압은 가나안 족속 중에 하나였다. 아브라함의 조카 롯이 소돔과 고모라에서 살다가 유황불로 멸망될 때 천사의 도움으로 간신히 살아났다. 그 때 롯의 아내는 하나님의 명령을 어기고 뒤를 돌아보다가 소금 기둥이 되었다. 롯은 두 딸만 데리고 소알성으로 도망하였다.

큰 딸은 아들을 가지고 싶었다. 그러나 남자가 없었다. 그래서 아버지를 술취한 채 잠들도록 한 후에 아버지의 씨를 받았다(창 19:33). 아버지는 딸과 함께 동침한 사실을 몰랐다. 그러나 그 자손이 모압이 되었다.

그 다음 날은 둘째 딸이 언니처럼 하였다. 그 자손이 암몬이 되었다. 그래서 모압과 암몬은 아버지와 딸 사이에서, 술과 음란 속에서 태어난 자손이다. 노아가 술취한 가운데 부끄러운 모습으로 있었던 것으로 인해 가나안이 저주를 받았던 것처럼, 아버지 롯이 술취한 가운데 딸들에 의해 모압과 암몬이 태어남으로써 노아의 가나안적 저주가 모압과 암몬에까지 이어져 온 것이라 생각할 수 있다.

이스라엘 땅에 가뭄이 들어 어려울 때 나오미는 모압지방으로 피난을 갔다. 남편과 두 아들이 같이 갔다. 모압 땅에서 얻은 큰 며느리가 오르바, 작은 며느리가 룻이었다. 그런데 나오미의 남편뿐만 아니라 아들들까지 다 세상을 떠나고 세 명의 여자들만 남게 되었다. 나오미는 다시 고향땅 베들레헴으로 돌아가기로 결심하고, 과부가 된 며느리들에게 친정으로 돌아가라고 권했다. 그때 오르바는 다시 모압으로 돌아갔으나, 룻은 어머니와 동행하겠다고 말했다.

룻이 이르되 내게 어머니를 떠나며 어머니를 따르지 말고 돌아가라 강권하지 마옵소서 어머니께서 가시는 곳에 나도 가고 어머니께서 머무시는 곳에서 나도 머물겠나이다 어머니의 백성이 나의 백성이 되고 어머니의 하나님이 나의 하나님이 되시리니 어머니께서 죽으시는 곳에서 나도 죽어 거기 묻힐 것이라 만일 내가 죽는 일 외에 어머니와 떠나면 여호와께서 내게 벌을 내리시고 더 내리시기를 원하나이다 하는지라 (룻 1:16-17)

이 본문은 룻기의 핵심이다. 룻기는 오순절에 읽는 두루마리이다. 오순절은 율법수여절이라고도 하는데, 모세가 시내산에서 하나님의 율법을 받은 것을 기억하여 지키는 절기이다. 하나님께서 모세에게 율법을 주시기 위해 시내산에 강림하신 날이 출애굽한 때로부터 50일째 되는 날이라고 해서 오순절이라고 부른다.

하나님께서 이스라엘 백성들을 출애굽시켜 하나님의 말씀인 율법을 주시는 이유는 그들을 '제사장 나라'로 삼기 위해서(출 19:6)라고 하셨다. 제사장은 하나님의 율법을 받아 그 율법을 백성들에게 가르치고 전달할 사명을 가진 사람들이다. 모세를 통해 율법을 받은 이스라엘 백성들은 온 세상 모든 민족에게 하나님의 말씀인 율법을 전하고 가르침으로써 그들이 하나님의 백성이 되도록 할 사명이 있었다.

"어머니의 백성이 나의 백성이 되고 어머니의 하나님이 나의 하나님이 되시리니"(룻 1:16)라는 룻의 고백은 이방 백성이 하나님의 백성이 되는 고백으로 이스라엘 백성들에게 율법을 주신 오순절의 목적을 이루는 대표적인 사례이다. 그래서 율법수여절인 오순절에 룻기를 읽는다.

오순절에 룻기를 읽는 것은 이방여인이었던 룻이 이스라엘 사람 보아스와 만나 사랑을 나누고 결혼을 하게 된 배경이 보리수확을 거두는 오순절 기간이었기 때문이기도 하다. 오순절이 보리수확 때와 같은 시기여서 맥추절이라고도 한다.

룻은 시어머니 나오미를 따라 이스라엘에 와서 보아스와 결혼하여 새로운 가정을 이루게 되고, 다윗이 그 가문에 태어나게 된다. 이방여인이었던 룻은 이스라엘 역사에 왕의 가문을 열었다. 그리고 예수께서 그 후손으로 이 땅에 오셨다. 룻은 가나안적 저주를 끊고 믿음의 가문을 이루는 축복을 받았다.

4) 수로보니게 족속 가나안 여인

예수께서 거기서 나가사 두로와 시돈 지방으로 들어가시니 가나안 여자 하나가 그 지경에서 나와서 소리 질러 가로되 주 다윗의 자손이여 나를 불쌍히 여기소서 내 딸이 흉악하게 귀신 들렸나이다 하되 예수는 한 말씀도 대답지 아니하시니 제자들이 와서 청하여 말하되 그 여자가 우리 뒤에서 소리를 지르오니 보내소서 예수께서 대답하여 이르시되 나는 이스라엘 집의 잃어버린 양 외에는 다른 데로 보내심을 받지 아니하였노라 하시니 여자가 와서 예수께 절하며 가로되 주여 저를 도우소서 대답하여 이르시되 자녀의 떡을 취하여 개들에게 던짐이 마땅하지 아니하니라 여자가 이르되 주여 옳소이다마는 개들도 제 주인의 상에서 떨어지는 부스러기를 먹나이다 하니 이에 예수께서 대답하여 이르시되 여자여 네 믿음이 크도다 네 소원대로 되리라 하시니 그 때로부터 그의 딸이 나으니라(마 15:21-28)

여기에 등장하는 가나안 여인은 마가복음 7장 26절에도 나오는데, 마가복음에서는 이 여인을 헬라인이요 수로보니게 족속이라고 했다. 수로보니게 족속이란 시리아-페니키아 사람들을 일컫는 말이다. 성경의 두로와 시돈 지역으로 가나안의 대표적인 지방이다. 예수께서 두로와 시돈지방을 들르셨다가 가나안 여인을 만난 사건인 본문말씀에는 두 가지 중요한 대화가 이어지고 있다. 여기서 우리가 주목해야 할 것은 예수의 말씀에 대한 가나안 여인의 태도다.

첫번째로, 예수는 "나는 이스라엘 집의 잃어버린 양 외에는 다른 데로 보내심을 받지 아니하였노라"고 말씀한다.

예수의 말씀은 전혀 뜻밖이다. 예수께 전혀 어울리지 않는 말씀이었다. 마태복음 8장 5절 이하에 보면, 예수는 이미 이방인인 백부장의 하인을 고쳐주신 적이 있다. 백부장의 하인이 중풍으로 괴로워 한다는 말을 듣고 예수님은 이렇게 대답하셨다. "내가 가서 고쳐주리라"

그러나 백부장은 굳이 오실 것 없이 말씀만 하시면 내 하인이 나을 줄로 믿는다고 고백하자, 예수께서 칭찬하셨다.

"내가 진실로 너희에게 이르노니 이스라엘 중 아무에게서도 이만한 믿음을 만나보지 못했노라"

구약성경에도 보면, 하나님은 예언자들을 통해 이방인들을 고쳐주셨다. 예언자 엘리야는 두로지방의 여인 사렙다 과부의 아들이 죽게 된 것을 살려주었다. 예언자 엘리사는 시리아 장군 나아만의 병을 고쳐주었다. 주님을 통한 하나님의 구원역사는 모든 인류를 위한 사랑의 역사다. 예수께서는 구원을 간구하는 이들의 손길을 결코 외면하거나 뿌리치지 않으신다. 그런데도 예수께서 "나는 이스라엘의 잃어버린 양들을 위해서만 보냄을 받았지 너희들을 위해서가 아니다"라고 말씀하시는 것은 종교인들이 쉽게 범할 수 있는 잘못된 사고방식을 보여주는 것이다.

여기서 중요한 것은 끝까지 주님 앞에 딸아이의 병을 치료해 주실 것을 간청하고 있는 가나안 여인의 믿음이다. 이 여인은 무조건 예수께 다가와 절을 하면서 간청한다.

"주여 저를 도우소서"

두번째 대화에서는 예수께서 더 심한 말을 하셨다.

"자녀의 떡을 취하여 개들에게 던짐이 마땅치 아니하니라"

그런데도 가나안 여인은 이에 굴하지 않고 계속 예수께 간청한다.

"주여 옳소이다마는 개들도 제 주인의 상에서 떨어지는 부스러기를 먹나이다"

할렐루야! 가나안 여인의 믿음이 얼마나 큰지, 예수께서도 감탄하셨다.

"여자여, 네 믿음이 크도다. 네 소원대로 되리라"

예수의 말씀 속에는 가나안적 노아의 저주에 대한 유대적인 모욕이 있었지만, 가나안 여인은 그럼에도 불구하고 오직 한 마음으로 주님의 은혜를 간구한다. 가나안 여인으로서 가나안적인 저주를 인정하면서도 그 저주에 굴복하지 않았다. 부스러기처럼 부서지면서도 주님을 붙잡았다. 오직 병든 딸아이를 치료하기 위해 주님 앞에서 온전하게 부서졌다.

주님 앞에서 부스러기처럼 부서지는 사람이 구원을 받는다. 눈물로 기도하는 세리가 그랬고, 닭울음 소리에 통곡하던 베드로가 그랬다. 가나안 여인의 믿음은 고통당하고 있는 딸을 위한 철저한 자기희생이면서 동시에, 주님께서는 이 병든 자식을 반드시 고쳐 주신다는 확신이다. 그렇게 소망하던 주님이 자기의 마음을 뒤집어 놓는데도 그녀의 확신은 변함이 없다. 가나안 여인의 확신에 찬 믿음이 주님을 감동시켰다.

이와 같은 신앙이 가나안적 저주를 끊는 '큰 믿음'이다. 다말, 라합, 룻, 그리고 수로보니게 족속 가나안 여인은 모두 다 가나안인들이요 가나안의 피가 흐르고 있었지만, 믿음으로 가나안에 흐르는 저주를 끊은 사람들이 되었다.

이 믿음의 결정체가 예수의 십자가 사건이다. 요한복음에 보면, 예수께서 제일 먼저 행하신 이적이 가나의 혼인잔치에서 물을 포도주로 만드신 사건이다(요 2:1-11). 물을 포도주로 만든 이적의 핵심은 '알코올'(술)이 아니라 '구원'이다. 예수께서 우리에게 주신 최고의 포도주는 십자가에서 흘리신 보혈이다. 예수께서 제자들과 최후의 만찬을 행하실 때 포도주 잔을 들어 축사하시고 "이 잔은 죄사함을 얻게 하려고 흘린 나의 피, 곧 언약의 피"(마 26:28)이라고 말씀하셨다.

노아가 포도주를 마심으로 인해 시작된 죄악의 물줄기를 예수께서 십자가에서 흘리신 보혈을 통해 구원의 물줄기로 바꾸셨다. 예수께서는 노아 이래 세상 기쁨과 쾌락의 상징이었던 포도주를 구원의 도구로 바꾸신 것이다. 예수의 십자가는 이 세상 속에 엄연하게 흐르고 있는 원죄와 가나안적 저주, 그리고 율법의 저주로부터 우리를 해방시켰다.

그리스도께서 우리를 위하여 저주를 받은 바 되사 율법의 저주에서 우리를 속량하셨으니 기록된 바 나무에 달린 자마다 저주 아래 있는 자라 하였음이라 이는 그리스도 예수 안에서 아브라함의 복이 이방인에게 미치게 하고 또 우리로 하여금 믿음으로 말미암아 성령의 약속을 받게 하려 함이니라(갈 3:13-14)

결론적으로, 노아의 방주를 찾는 것은 곧 예수 그리스도를 만나는 것이다. 이 세상에 만연하고 있는 성적인 문란함과 인본주의적 사고, 그리고 지구온난화 등은 이제 특정지역에 국한된 것이 아니라, 전(全) 지구적인 재앙이 될 수 있다는 점에서 최후의 심판을 노아의 때에 비유하였던 예수의 말씀이 그대로 이루어지고 있음을 깨닫게 된다.

과학자들은 자연과학 속에서 대홍수의 증거를 찾고, 탐험가들은 아라랏산에서 노아의 방주의 흔적을 찾기 위해 애쓰고 있으며, 환경론자들은 노아의 방주를 환경파괴로 인한 지구의 재앙을 경고하기 위한 모델로 제시하고 있다. 이제 우리 신앙인들도 노아의 방주를 찾아야 할 때다. 하나님의 말씀인 성경 속에서 대홍수와 노아의 방주를 새롭게 발견함으로써 마지막 때에 우리를 노아처럼 부르시는 창조주 하나님의 음성을 들어야 한다.

노아의 세 아들과 인류의 조상들

노아의 대홍수 사건 결론부분이라고 할 수 있는 창세기 10장은 노아의 세 아들 셈과 함과 야벳의 후손들이 나온다. 이들은 인류의 조상들로 모두 70명의 명단이 나온다. 그래서 성경에서 70이라는 숫자는 온 세상에 흩어진 민족들과 관련되어 있다.

성경에 70이라는 숫자가 언급된 곳을 보면, 온 인류를 구원하시고자 하는 하나님의 구속사적인 섭리를 깨달을 수 있다.

1. 애굽으로 내려간 야곱의 식구가 70명이었다(창 46:27).
2. 출애굽한 이스라엘 백성들이 홍해를 건너 첫 번째로 장막을 친 엘림에 종려나무 70주가 있었다(출 15:27).
3. 모세가 시내산에서 율법을 받고 난 후 12지파를 대표하는 70명의 장로들과 함께 올라가서 하나님께 경배하였으며(출 24:1), 성막건축에 대한 계시를 받았다.
4. 솔로몬 성전에 일곱 등잔을 가진 등대가 10개 있었다. 모두 70개의 등잔으로 온 세상 모든 민족에게 하나님의 구원의 빛을 밝히는 빛이 되었다(왕상 7:47-50).
5. 예수님께서 70명의 제자들을 파송하셨다(눅 10:1-17).

부 록

1. 노아의 방주를 본 증인들
2. 노아의 방주 모형 제작 과정

부록 1
노아의 방주를 본 증인들

성경의 기록대로 노아의 방주가 아라랏산에 머물렀다면 지금의 아라랏산에서 발견되지 않을까? 이 질문은 매우 오래전부터 있었으며, 방주에 대한 기록은 주전 275년 바빌론 시대부터 15세기 마르코폴로에 이르기까지 여러 소설, 역사, 교회의 설교와 강론에서 자주 언급되어 왔으며, 근세에도 방주를 보았다는 목격자들의 증언이 잇따르고 있다.

주전 275년 - 베로수스(Berosus, 바빌론 갈대아 지방 사제이자 역사가)

주전 275년경 인쇄된 그의 저술은 현존하지 않고, 다만 폴리히스터(Polyhistor, 주전 1세기)와 요세푸스(Josephus, 주후 1세기)에 인용되어 있을 뿐이다. 주후 5세기에 몇몇 사람들에 의해 그의 저술이 인용되기도 하였는데, 베로수스의 글은 근본적으로 바빌론 홍수 이야기에 관한 것이다. 그는 "방주가 아르메니아에 앉았고, 일부는 아직 아르메니아의 고다이안(Gordyaeands)의 산에 남아 있다. 그리고 어떤 사람들은 배에서 긁어낸 역청을 가지고 부적으로 사용하고 있다"고 기록했다.

주후 50년 – 요세푸스
요세푸스는 유대인 출신으로 로마제국의 귀족이었다. 그는 사도 바울과 동시대의 인물로 위대한 지성인이었다. 로마제국을 위한 공식적인 유대인 역사가로서 그는 당대의 모든 자료들과 문헌들을 접할 수 있었다. 그는 노아의 방주가 있다는 것을 유대인 고대사에서 세 번 언급하였다.

주후 13세기 – 마르코 폴로
마르코 폴로는 아라랏산 근처를 통과하면서 "아르메니아 중앙에 아주 크고 높은 산이 있는데, 그 위에는 노아의 방주가 남아 있다고 하며, 그래서 이 산은 방주의 산이라고 불리고 있다"고 기록하였다.

1829년 – 프리드리히 패롯 박사(Dr. Friedrich Parrot)

패롯 박사는 아라랏산 정상을 최초로 정복한 사람이다. 1829년 그는 열악한 상황에서 부족한 등산장비로 5,160미터 정상을 정복하였다고 알려져 있으나 방주를 목격하지는 못하였다. 패롯은 자기가 직접 방주를 보았다고 말한 적은 없었지만, "모든 아르메니아인들은 노아의 방주가 아라랏산 정상에 그대로 있다고 확실하게 믿고 있으며, 보존을 위해 어느 누구도 그것에 접근하는 것을 허용하지 않고 있다"고 기록했다.

1883년 – 터키의 지방 행정관

콘스탄노플 뉴스(NEWS FROM CONSTANTINOPLE)

콘스탄티노플에서 나온 뉴스 원본은 찾을 길 없지만, 가장 완전하고 정확한 보고가 〈영국 예언자의 소리〉(*British Prophetic Messenger*) 1883년 여름호에 나와 있다. 거기에는 그 출처로 the *Levant Herald* 를 인용하면서 다음과 같이 쓰여 있다.

우리는 급작스런 우박으로 인해 파괴된 것으로 보도된 모술과 바야지드를 조사하고 아라랏 지역의 고통당하는 마을들을 지원하기 위해 터키 정부로부터 임명된 지방행정관의 귀환에 관한 뉴스를 트레비존드(Trebizond)에 있는 특파원으로부터 받았다. 그 마을들은 비정상적인 일기불순으로 인해 심한 피해를 당했다.

행정관 일행은 문명세계에 관심을 끌만한 놀라운 발견을 하였다. 아라랏산의 한없이 넓은 협곡 중 한 곳에서, 그들은 매우 검은 나무로 된 거대한 구조물에 도달하였다. 그것은 빙하의 아랫쪽에 깊이 박혀 있었는데, 한쪽 끝이 삐져나와 있었다. 그들은 노아와 그의 가족들이 대홍수를 항해하였던 고대의 방주임에 틀림없다고 믿었다.

발견된 장소는 이란 국경으로부터 약 20km 정도 떨어져 있는 아르메니아의 반(Van) 성에서 약 5일간의 여정 끝에 이른 곳이었다. 5km 정도 떨어진 곳에 있는 바야지드 주민들은 이 이상한 물체를 지난 6년 동안 보아 왔지만, 그들은 강한 두려움 때문에 감히 접근할 엄두를 내지 못하고 있었다.

그 안에서 이상한 목소리들이 들린다는 소문이 있는데, 대부분 믿고 있었다. 담력이 센 몇몇 사람들이 접근하였다가 그 구조물의 상부층에 있는 구멍 혹은 문에서부터 뚫어지게 응

시하는 무서운 영체를 보았다는 말들도 하였다.

    민간인들과 함께 한 행정관들은 그것을 확인하기 위해 앞으로 나아갔다. 마을 사람들은 그것이 박혀있는 빙하 근처로 접근하는 것을 아주 꺼려했다. 길이 빽빽한 숲을 통하여 있어서 일행은 강줄기를 따라가야만 했다. 때로는 허리까지 걷고 물속으로 걸어가야 했는데, 빙하가 녹은 물이라 몸서리칠 정도로 차가웠다.

    마침내 그들의 눈에 골짜기의 왼쪽 편에 있는 빙하로부터 6-9m 삐져나온 거대한 검은 덩어리가 보이기 시작하였다. 그들은 그것이 유프라테스강의 더운 계곡들이 아닌 이런 높은 지역에서는 자라지 않는 나무로 만들어졌음을 알았다. 그것은 원주민들에게 '이짐'(izim)으로 알려져 있는데, 성경의 고페르 나무(gopher wood)라고들 말한다. 그 물체는 잘 보존되어 있었으며, 흑갈색 역청으로 바깥이 칠해져 있었고 매우 단단하게 건조되어 있었다.

    그것은 계곡의 꼭대기 너머에 우뚝 솟아있는 정상으로부터 빙하가 서서히 무너져 내리면서 빙퇴석에 의해 모서리가 일부 파손된 채 그대로 있었다.

1908년(?) – 조지 해고피안(George Hagopian)

조지 해고피안은 20세기 최초의 방주 목격자이다. 해고피안이 여덟 살이었을 때였다. 삼촌이 그를 아라랏으로 데려간 것은 1908년이었다. 그는 아호라 협곡(the Ahora Gorge)을 지나 성 야고보(St. James) 수도원을 거쳐 길을 나아갔다. 산의 경사가 점점 심해지자 삼촌은 그를 어깨에 올려놓았다. 그들은 절벽 위에 일부는 눈이 덮힌 채 암벽에 걸쳐있는 커다란

배 같이 보이는 물체에까지 이르렀다. 그것은 지붕을 따라 창틀 같은 평평한 들창들을 가지고 있었고, 지붕에는 구멍이 하나 있었다. 해고피안은 처음에 그것이 바위로 만들어진 집이라고 생각했다. 그의 삼촌이 그에게 널빤지들의 윤곽을 보여주면서 이것이 나무로 만들어진 것이라고 말했을 때, 그는 다른 사람들이 그에게 설명해 주었던 방주라는 것을 깨달았다. 삼촌은 겁내지 말라고 하면서 방주 지붕에 다다르도록 바위 더미 위에서 그를 밀어 올렸다.

"이것은 거룩한 배야..."

(그리고) "동물들과 사람들이 지금은 여기에 없어. 그들은 모두 다 나갔어."

해고피안은 지붕에 올라가 무릎을 꿇고 앉아 평평하여 서 있기 쉬운 지붕의 표면에 키스를 했다.

그들이 방주의 옆에 섰을 때 그의 삼촌이 측면에 총을 쏘았다. 그러나 총알은 마치 바위에 부딪친 것처럼 튕겨 나갔다. 그때 그는 날카로운 칼로 나무껍질을 벗겨내려고 시도하였지만, 역시 성공하지 못했다. 방주에 대한 최초의 방문에서 그들은 구경하기도 하고 준비해간 음식을 먹기도 하면서 두 시간을 보냈다. 해고피안이 마을로 돌아와 다른 아이들에게 방주를 본 것에 대해 열심히 이야기했을 때, 그들은 시큰둥하

게 대답하였다.

"그래 우리도 방주를 봤어."

해고피안은 1972년에 죽었다. 그는 지도를 정확하게 볼 수 없었기 때문에, 그는 자기가 보고 올라갔던 방주가 있는 산의 지도를 똑바로 가리킬 수 없었다.

1916년 – 로스코비츠키(Roskovitski, 제정 러시아 공군기 조종사)

1916년 제정 러시아 공군기 조종사인 로스코비츠키 소위는 방주 탐험에 있어 가장 큰 공을 세운 사람 중 하나이다. 그는 비행기로 방주 위를 선회하며 방주 앞부분의 4분의 1이 물 속에 4분의 3은 눈 속에 묻혀있음을 보고, 이것을 러시아 짜아르 황제에게 보고하였다. 황제는 150명의 군대를 두 조로 편성하여 아라랏산에 파병하였고, 이들은 한 달 동안 등반하여 방주에 도착, 완전한 측량을 실시하였다. 다음은 그가 황제에게 보낸 보고서의 일부이다.

방주는 수백개의 작은 방들로 나뉘어져 있었고, 높은 천정을 가진 매우 큰 방들도 몇 개 발견되었다. 커다란 방들은 보통 그 방을 가로지르는 거대한 목재로 만들어진 울타리를 가지고 있었다. 울타리의 두께는 때로는 2피트가 되기도 하였는데, 마치 코끼리보다 10배 더 큰 동물을 가두는데 사용된 것처럼 보였다. 다른 방들은 오늘날 가금류 전시장에서 보는 것과 같은 수많은 우리들이 열을 지어 나란히 있었는데, 우리의 앞은 작게 가공된 철막대들을 사용하여 막혀 있었다. 모든 것은 왁스류의 페인트로 두껍게 칠해져 있었고, 숙련공의 장

인정신은 높은 수준으로 발달된 문명의 징후들을 보여주고 있었다. 전체에 사용된 나무는 서양협죽도로 사이프러스의 일종이며 겉에 채색되어 있어서 썩지 않았다. 그리고 그동안 거의 빙하 속에 있었기 때문에 완전한 모습으로 보존되어 있었다. 탐사대는 배의 한쪽 면에서 없어진 목재가 재가 되어 남아있는 것을 발견하였다. 이 목재들은 산 꼭대기로 끌어 올려져 조그만 방으로 된 성전을 짓는데 사용되었던 것으로 보인다. 안에는 희생제를 위해 사용된 것과 같은 번제단이 있었던 것 같다.

이 보고서가 전달된 바로 다음날 러시아 혁명이 일어났고, 공산주의 혁명으로 황제의 많은 문서들이 소실되는 바람에 그 존재여부가 불투명해져 버리고 말았다.

1943년 – 에드 데이비스(Ed Davis)
이것은 에드 데이비스가 로빈 시몬스(Robin Simons)에게 말했던 〈아라랏 탐험과 방주 목격〉에 관한 설명이다.

데이비스(왼쪽)가 자신이 목격한 방주에 대해 설명하고 있다

43년에 나의 모든 삶을 사로잡은 어떤 일이 나에게 일어났다... 나는 이란의 하마단(Hamadan, 고대의 에크바탄, Ekbatan 혹은 Ecbatane)에 기지를 둔 363 공병대에 있었다. 우리는 터키에서 러시아로 들어가는 보급로의 통과역을 건설 중이었다.

나의 운전사인 젊은이의 이름은 바디 아바스(Badi Abas)였다. 어느날 우리가 채석장에 있을 때, 그가 먼 산 정상을 가리키며 말했다. "아그리 닥"(나의 집).

우리는 지평선 위에 만년설로 덮여 있는 봉우리를 선명하게 볼 수 있었다.

"아라랏산, 저기가 방주가 머물렀던 곳인가?"

나는 물었다. 그는 고개를 끄덕였다.

"나의 할아버지는 그것이 어디에 있는지 알고 있으며, 거기에 갔었다"고 그는 무덤덤하게 말했다. 나는 속으로 생각했다. "아, 나도 그것을 보고 싶다…"

7월의 어느날, 그의 할아버지인 아바스-아바스(Abas-Abas)가 우리 부대를 방문하여, 바디에게 아라랏에 있는 눈이 녹아내리고 있어서 방주의 일부를 볼 수 있다고 말하였다. 바디는 나에게 그것을 보고 싶다면 거기 데려가겠다고 말했다. 나는 마을에 도움을 준 일이 있어서 아바스 가정과 좋은 관계를 갖고 있었다. 실제로 그들은 거기까지 3km를 걸어야 했기 때문에 물을 가지고 왔다.

그래서 나는 장교에게 가서 외출을 요청했다. 그는 "위험하다. 죽을지도 모른다"고 말했다. 나는 그에게 얼마나 가고 싶은지를 말했다. 그는 "네게 테헤란에서의 휴가를 주겠다. 먼 거리를 다녀올 수 있을 것"이라고 승낙했다. 나는 여분의 기름과 타이어를 준비했다.

며칠 후에 우리는 일찍 일어났다. 바디 아바스와 나는 그의 작은 마을에 도달할 때까지 국경선을 따라 운전해 내려갔다. 우리는 그곳에서 물을 충분히 준비한 다음 거기서 밤을 보냈다.

다음날 새벽 미명에 우리는 아라랏산 아래쪽에 이르렀으며, 다른 원주민 마을에 도착했다. 아바는 나에게 그 마을의 이름이 "노아가 포도나무를 심었던 곳"이라는 뜻을 갖고 있다고 말했다. 나는 포도나무를 보았는데, 그 줄기가 얼마나 큰 지 다 둘러볼 수 없을 정도였다. 정말 오래된 것이었다.

그들은 방주에서 나온 유물로 가득찬 동굴을 갖고 있다고 아바스가 말했다. 그들은 그것들이 방주 아래의 협곡에 흩어져 있는 것들을 찾아서 외부인들이 가져가지 못하도록 하기 위해 모아 두었다. 그들은 외부인들이 그것을 불경스럽게 더럽힐 것이라고 생각했다. 그 모든 것이 그들에게는 신성했다. 그날 밤, 그들은 나에게 유물들을 보여주었다. 기름등잔들, 질그릇 통, 구식의 연장들 같은 것들이었다. 나는 새장같은 문을 보았다. 아마도 75cm 내지 1m 정도였던 것 같다. 나뭇가지들로 얽어맨 것이었다. 그것은 돌처럼 단단했는데, 석질로 만든 것처럼 보였다. 거기에 손으로 조각한 빗장같은 자물쇠가 있었다. 나는 나뭇결까지도 볼 수 있었다.

그곳에서 잠을 잔 우리는 동이 트자마자 등산복을 입었다. 그들은 한 떼의 말들을 가져왔다. 나는 아바스 집안의 7명의 남자들과 함께 떠났다. 우리는 말을 탔다. 두렵고 긴 시간처럼 느껴졌다.

마침내 우리는 장엄한 아라랏산 아래에 깊이 숨겨진 동굴에 도달했다. 그들은 (아라비아의) T.E. 로렌스가 숨어있던 곳이라고 했다. 거기에는 따뜻한 음식이 담긴 커다란 솥이 우리를 기다리고 있었다.

우리는 먹고 나서 말에 다시 올라탔다. 좁은 길을 따라 높이 올라갔다. 그들은 나에게 '뒷문'(Back Door)을 통해 가고 있다고 말했다. 그것은 밀수꾼이나 도적들에 의해 사용된 비밀 통로였다.

길을 가던 중 얼음에 걸쳐 있는 한 쌍의 다리를 가리키면서 저 위로는 올라가지 못했다고 말했다.

나는 말들이 어떻게 길을 따라갈 수 있는지 몰랐다. 어떤 곳에서 우리는 높은 절벽을 따라 말을 타고 갔다고 말할 수 있지만, 대부분의 시간은 비나 안개 때문에 그렇게 말하기 어려웠다. 살을 에는 바람이 불어오는데, 나한테만 부는 것처럼 느껴졌다. 곧 아바스는 나에게 조용히 하라고 말했다. 아래쪽에 서 있는 러시아 보초병들이 우리의 소리를 들을 수 있기 때문이었다.

우리는 그날 계속해서 조용히 말을 타고 갔다. 때때로 그들은 짧은 휘파람 소리에 의한 자신들만의 암호로 말하기도 했다.

마침내 우리는 길을 벗어났다. 아바스 집안의 몇 명이 우리를 기다리고 있었다. 그들은 우리의 말들을 가져갔다. 우리는 함께 밧줄을 묶고 걸어서 훨씬 더 높은 곳에 있는 다른 동굴을 향해 등반했다. 우리가 어디에 있는 지 말할 수 없었다.

3일 간의 등반 후에 우리는 마지막 동굴에 이르렀다. 안에는 이상한 글들이 있었다. 그것은 바위벽들과 자연 바위 침대에 있었는데, 아름답기도 하고 오래되었으며, 동굴의 뒷면 가까이에 노출되어 있었다. 또 다른 음식 솥이 우리를 기다리고 있었다. 모든 것이 아바스 가족이 나의 방문을 위해 준비한 것이었다. 밤새도록 비가 쏟아졌다.

다음날 아침 우리는 일어나서 기다렸다. 비가 누그러들자 우리는 '심판날의 바위'라고 불리는 위험하게 돌출된 바위 뒤의 좁은 길을 따라 걸었다. 나는 자칫 잘못해서 발을 헛디디면 떨어져 죽을 수도 있는 아주 위험한 길이어서 그렇게 불렸나 보다라고 생각했다. 우리는 안정된 바위형태 뒤를 두 번이나 돌아서 거대한 암석 위에 도착하였다. 안개가 온통 우리를 감싸고 있었다.

갑자기 안개가 걷히면서 태양이 구름 사이로 빛났다. 젖은 협곡에 반짝거리는 빛이 매우 신비한 광경이었다. 나의 모슬렘 친구들은 알라에게 기도했다. 그들은 조용히 말하였고, 매우 차분하였다.

그들이 기도를 마친 후에, 바디 아바스는 아래에 말굽같이 갈라진 틈을 가리키면서 말했다.

"저것이 노아의 방주다."

나는 아무것도 볼 수 없었다. 모든 것이 같은 색에 같은 무늬였다. 그때 나는 그것을 보았다. 하나의 거대한, 사각형으로 된 인공 구조물이 얼음과 바위 덩어리에 의해 일부가 덮여서 비스듬히 누워있는 것을. 적어도 백 피트는 명확하게 볼 수 있었다. 나는 심지어 잘려져 나간 끝부분을 통해 그 안을 볼 수도 있었다. 일종의 비틀어지고 비비꼬인 목재들이 삐져나와 있었다. 물이 그 아래에서부터 폭포가 되어 떨어지고 있었다.

아바스는 아래의 협곡을 가리켰다. 나는 그것의 다른 부분을 확인할 수 있었다. 나는 어떻게 두 부분이 한 때 하나로 붙어 있었는지 볼 수 있었다. 서로 찢겨진 목재들이 잘 맞아 떨어졌다.

그들은 나에게 방주가 4분의 3 정도의 조각으로 부서져 나갔다고 말했다. 나는 적어도 3층을 볼 수 있었는데, 아바스는

48개의 방을 가진 상층부 가까이에 있는 거주 공간이라고 말했다. 그는 그곳에 손바닥 정도 크기의 작은 새장들도 있었고, 코끼리들을 수용할 만큼 큰 것도 있었다고 말했다.

나는 큰 구조물 안에 칸막이들과 통로 같은 것들이 남아있는 것을 보았다. 나는 정말로 그것을 만져보고 싶었다. 복받치는 감정을 어떻게 표현해야 할지 어려웠다. 아바스는 아침에 로프를 타고 내려갈 수 있다고 말했다. 비가 오기 시작하여 우리는 동굴로 돌아왔다.

다음날 아침 우리가 일어났을 때 눈이 내리고 있었다. 밤새도록 눈이 왔으며 허리까지 눈이 쌓였다. 나는 협곡 아래로 아무것도 볼 수 없었다. 방주는 더 이상 보이지 않았다. 아바스가 말했다.

"이제 내려가야 합니다. 너무 위험합니다."

산을 내려와 나의 부대에 돌아오는데 5일이 걸렸다. 부대로 귀환한 내 옷에서 너무 역한 냄새가 났다. 부대원들이 나의 옷들을 태우고 있었다. 그러나 아무도 내가 본 것에 대해 관심을 갖지 않는 것 같았다. 나는 그들에게 말하려다가 말았다. 하지만 나는 지난 20년 동안 매일 밤마다 꿈을 꾼다.

'거기 위에는 분명 무엇인가 있었다.'

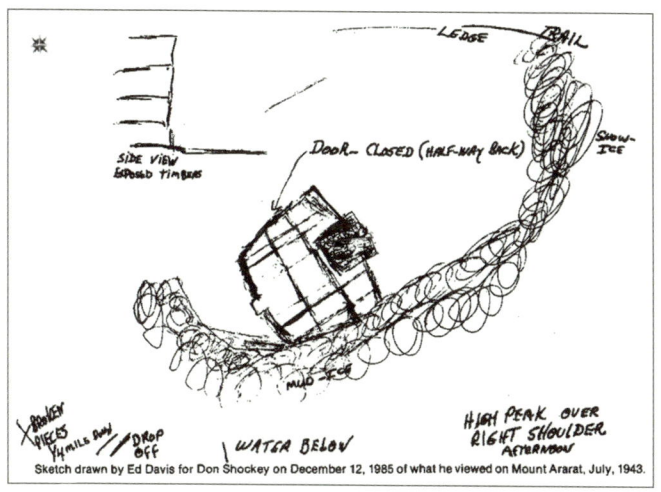

에드 데이비스가 아라랏에서 보았다는 방주의 스케치

1945년 – 제랄드 호울리(Rerald Howley)

우리는 약 4,700m 상공에서 서족 편을 따라 비행했다. 갑자기 비행기가 오른쪽으로 선회를 했다. 나는 약간 흔들렸으며, 비행기의 기수가 러시아 국경쪽으로 향한 것을 알았다. 나는 일어나 조종석으로 가서 비행기 방향이 바뀐 것에 대해 말하려고 하는 순간이었다. 부조종사가 "저건 뭐지?" 하고 말했다. 나는 창문 밖으로 내다 보았다. 오른 쪽에 협곡이 있고 그 안에 바지선같은 구조물이 있었다. 그 물체는 정확하게 직사각형으로 되어 있었고, 사방이 얼음과 눈으로 덮여 있었다. 다시 아래를 내려다 보니 그것은 강에서 보는 바지선과 닮아 있었다. 다만 그 길이가 훨씬 더 길었다. 이 바지선에 대한 나의 첫 번째 인상은 단순하고 선명해서 오랫동안 남아 있었다. 우리는 바지선이 있던 4,400m 고도까지 하강했다. 우리는 바지선과 직각 방향에 있었다. 나는 아연실색하고 말았다. 그것은 분명히 사람이 만든 구조물이었다. 그것은 정방향 방을 가지고 있었고, 바지선과 같이 각 측면은 같은 넓이였다. 정방형의 측면들은 바닥보다 지붕이 약간 작게 만들어져 있음으로 인해 아래쪽으로 약간 경사져 있었다. 이 정방형 방의 높이는 사람이 들어가서 천장에 머리가 부딪치지 않을 정도였던 것 같다. 바지선의 선미와 양쪽 끝 사이의 중간 쯤에 위치한 정방형 방을 기준으로 하여 측정해 보니까 나는 중앙 방의 각 면에 적어도 11개씩은 있겠다는 계산이 나왔다. 바지선 길이 전체를 고려해 보면, 모두 23개의 방이 있다는 계산이 된다. 일반적으로 바지선의 색깔은 흑갈색이었다.

"이것은 내가 보고 아는 대로다. 만일 내가 거짓말을 하는 것이라면 지옥 불에서 영원히 고통을 당해도 좋다."

1948년-샤크루 아센트(Shakru Arsent)

슈크르 아세나(Shukru Asena), 동부 터키 국경지역에 수 에이커에 달하는 넓은 땅을 소유한 69세의 농부로 1948년 연합통신에 레싯(Reshit) 이야기를 보도하였다.

터키인 아라랏 정상에 〈배〉가 있다고 보고

에드윈 B. 그린왈드(Edwin B. Greenwald) 기자

이스탄불. 11월 13일(AP) 석질화된 물체의 잔해들이 성경

에 노아의 방주가 머물렀다고 하는 아라랏산 위에서 발견되었는데, 목격한 농부들이 배였다고 주장을 하였다.

명백하게 수세기 동안 감추어졌던 것이 지난 여름 비정상적으로 더운 날씨로 인해 만년설과 빙하가 녹아내리면서 드러나게 되었다. 여러사람들이 이따금 '집'이나 '배'를 닮은 물체를 산에서 보았다는 보도가 있었지만, 이번에 새로운 발견물을 보았다는 터키인은 그것이 실제로 배의 잔해들이라고 여길 수 있는 유일한 물체임에 틀림없다고 주장하였다.

슈크루 아세나는 동부 터키 국경지역에 수 에이커에 달하는 넓은 땅을 소유한 69세의 농부로 그의 발견에 대해 말하려고 의외로 여기에 있는 연합통신 사무실을 방문하였다. 이것은 그의 이야기다.

9월 초 레싯(Reshit)이라는 한 쿠르드족 농부가 그동안 여러번 산에 올랐으면서도 이전에 보지 못했던 물체에 접근하게 된 것은 5,172m 정상의 3분의 2 쯤 되는 길에 이르렀을 때였다. 그는 그것을 둘러보고는 위에서부터 살펴보기 위해 더 높이 올라갔다. 거기서 레싯은 그것이 두 달여 동안 수톤의 얼음과 눈이 녹아서 분출되어 내린 협곡으로 삐져나온 배의 머리 부분이었다고 말했다.

뱃머리는 거의 완전하게 드러나 있었지만, 나머지 부분들은 아직 덮여 있었다. 땅의 형세가 물체의 보이지 않는 부분이 배같은 모양이었다는 것을 가리켰다고 레싯은 말했다. 그는 뱃머리가 집만한 크기였다고 덧붙였다.

레싯은 그곳으로 내려가서 단검으로 뱃머리의 조각을 떼어내 보려고 하였다. 너무 단단해서 부서지지 않았다. 그것은 오랜 세월로 시커멓게 되어 있었다.

레싯은 그것이 단순한 바위형태는 아니었다는 것을 강조했다.

그는 "나는 배를 보면 안다"면서 "그것은 분명히 배였다"고 말했다.

그는 산 아래에 있는 작은 마을들에 소문을 냈으며 농부들이 그가 찾았다는 이상한 물체를 보기 위해 북쪽 경사지를 올라가기 시작했다. 돌아온 사람들은 배였다고 말했다.

1953년 - 1955년 윌리암 토드(William Todd)

1944년 6월 24일에 27살인 윌리암 토드는 미 해군에 파견된 사진사로 선임하사관이었다. 워싱턴 D.C.에 있는 해군 수로측량소와 육군지도사업소가 디야바키르(Diyabakir)에 있는 터키 공군과 연합하여, 터키의 정확한 지도작성 작업을 하게 되었다. 토드의 이야기는 사진 촬영을 하기는 했지만, 현재 사진은 없다고 하면서 항공기에서 본 것을 말한 것이다.

나의 해군부대인 V.J.61은 터키의 이스미르와 디야바키르 양쪽에 있는 터키 공군부대에 속해 있었다. 이야바키르에는 여름 날씨가 화씨 120도 이르렀기에 먼지와 파리들이 기승을 부렸다. 우리는 미 해군 AJ2P 사진촬영용 항공기를 타고 날고 있었다. 우리는 6인치 초점 항공 카메라를 장착하고 있었다. 이것은 지평선대 지평선을 커버할 수 있는 표준적인 구성이다. 비행기는 당시 항공부대가 갖고 있었던 가장 안정된 플랫폼이었다. 항공 중에 나는 파견된 두 명의 카메라수리사 중 한 사람이었다. 우리는 지도상 고도 9,144m(실제고도)였으며, 지난 4년 동안 1:30,000 비율을 얻기 위해 늘 같은 고도에 머물렀다. 나는 지금 '표시된 고도'에 대한 '실제고도'를 확인하는 것에 대해 상세하게 언급하지 않겠지만, 매일 하는 비행들이 실제고도를 사용해야만 한다는 것과 비행선이 하나의 모자이크가 놓여 있을 때처럼 짝을 이루는 것은 아니라는 것을 덧붙인다.

1951년과 1955년 사이에 해군의 터키의 전국지도를 만드는 작업에 대한 책임을 지고 있었다. 대부분의 터키 지도들이 시대에 뒤졌거나 부정확했기 때문이었다. 우리는 국경을 넘어서 400m까지 지도를 만들었다. 우리는 소비에트연방공화국이나 이란이 미국 비행기라는 것을 알게 되기를 원치 않았기 때문에 비행기에는 아무런 표식을 하지 않았다. 다른 나라로 몰래 비행하는 것이 위험했지만, 자주 그렇게 했다.

그날 오후 우리는 디야바키르에 하강하면서 이상한 것을 관측하였다. 그것은 흥미로운 것이었다. 우리는 기름이 충분해서 하강하면서 오랫동안 살펴 볼 수 있었다. 산 정상 위로 비행했을 때, 우리는 협곡 위에 실제 고도 4,500m에서 5,000m 사이의 빙하에서 삐져나와 있는 물체를 보았다. 방주일 것이라고 생각하는 것은 터무니없어 보였다. 방주가 오늘날까지 존재하리라고 믿을 하등의 이유가 없었기 때문이었다. 그러나 거기에 얼음과 눈으로부터 삐져나와 있는 작은 암석에 놓여 있는 구조물이 나타났다. 바닥에는 눈이 군데군데 있었고, 크고 작은 바위들이 있었다. 윗부분에는 심하게 파손된 기찻길이나 지붕같은 것처럼 보이는 것이 있었다. 색깔은 땅바닥과 거의 같은 것이었다.

우리는 물체보다 약 600m 상공에서 그 구조물을 보았다. 그렇지만 그것이 관측되자 우리는 물체의 측면을 따라 산 주변을 여러번 비행하였다. 그것은 직사각형에 슬레이트 색깔의 배였으며, 우리는 모두 노아의 방주라고 생각했다.

그 물체는 거대한 크기였는데, 얼음과 눈으로 쌓여 있었다. 이번의 이례적인 관측에서 드러난 그것은 일종의 배 같았다. 구조물 주위의 땅은 갈라져 있었고, 주변이 온통 얼음이었다. 전형적인 배처럼 보이지는 않았으며, 주변환경에 전혀 어울리지 않는 것이었다. 그것은 바지선같아 보였다.

나는 122m 길이에 23cm 넓이의 항공 필름 한 통을 촬영하였다. 우리는 필름을 모두 사용하기 원했기 때문에 그 상공을 여러번 움직였다. 우리는 디야바키르로 귀환했다. 그곳은 내가 개인적으로 필름을 현상하고 인화를 하던 곳이었다. 해군에서는 내가 아주 중요한 것을 해야 할 필요가 있을 때에 "직접 현상하라"고 말했다. 그렇지 않으면 누군가 필름을 손상시킬 우려가 있었기 때문이었다.

나는 그 해에 극심한 무더위로 산에 있는 눈이 녹아내려 티그리스강이 높이 흐르고 있다는 메모를 해 두었다. 몇 달 후에 나는 나의 사진들을 플로리다 샌포드에 있는 침례교 목사(아마 이름이 그랜트였던가?)에게 주었는데, 그는 그것을 갖고 있다가 죽었다. 후에 그것들을 되돌려 받으려고 했지만 뜻대로 이루어지지 않았다. 워싱턴 D.C.에 있는 해군 사진과학센터 보관소가 분명 원판을 가지고 있을텐데 그런 것이 없다고 주장한다. 우리는 그 사진들을 네 다섯 개씩 복사해서 당시 비행기에 있던 모든 대원들에게 주었다. 모두 여섯 대로 된 지도측량 비행부대는 노아의 방주에 대해 떠들썩하였고, 매일 일부 비행기들이 그것을 보기 위해 우연히 들른 것처럼 아라랏산으로 갔다. 사진들을 보고 나서 우리는 그 구조물이 노아의 방주였다는 확신을 갖게 되었다.

같은 부대에 있던 나의 동료들도 목격자들이었다. 나는 그들을 더 이상 만날 길이 없었다. 내가 만일 그들을 찾을 수 있다면, 누군가 사진 세트를 가지고 있을 것이라고 확신한다.

1973년 - 에드 베엘링(Ed Behling)

아라랏산은 최고봉답게 웅장하였다. 사방이 바위투성이라 걷기 어려웠다. 무너지는 듯한 산사태 소리도 들렸다. 나는 가장자리로 걸어가면서 아래쪽을 보았다. 거기에 거대한 검은 것이 암석에 얹혀 있었는데, 그것은 눈더미 속으로 들어가 있었다. 그것은 분명히 30-45m 길이였다. 지붕이 조금씩 경사져 있는데, 10-15도 정도의 경사라고 말할 수 있다. 그 중앙에 좁은 통로같은 것이 있었는데, 3m정도 넓이였다. 앞쪽은 잘라진 것같이 부서져 있었다. 나는 방주를 위에서도 보고 아래에서도 보았다. 우리는 그것을 내려다보면서 주변을 향해 걸어내려 갔다. 우리는 방주가 암석이나 절벽에 얹혀 있었기 때문에 23m에서 30m 아래에 도달하였다. 기본적으로, 그 앞부분은 (그것을 끝에서부터 보았는데) 사각형이었다. 그런데 높이보다 넓이가 더 컸다. 대략 18-21m 넓이에, 12-15m 높이였다. 꼭대기에는 3-4.5m 넓이 정도되는 것이 있었다. 그것은 2m 내지 2.5m 높이의 좁은 통로같아 보였다. 지붕과 통로는 약간 경사졌는데, 아마도 물이 흘러내리도록 한 것 같았다. 나는 이것을 23-30m 아래에서 보았으며, 그것이 놓여 있는 절벽과 비교해 보았을 때 여전히 거대하였다. 그 배는 매우 짙은 검은색이었다. 측면들은 약간 긁히거나 찢겨져 있었다. 나는 널빤지들을 닮은 것을 볼 수 있었지만, 그것들은 모두 거대한 한 장으로 되어 있었다. 벽들은 약 45cm 두께였다.

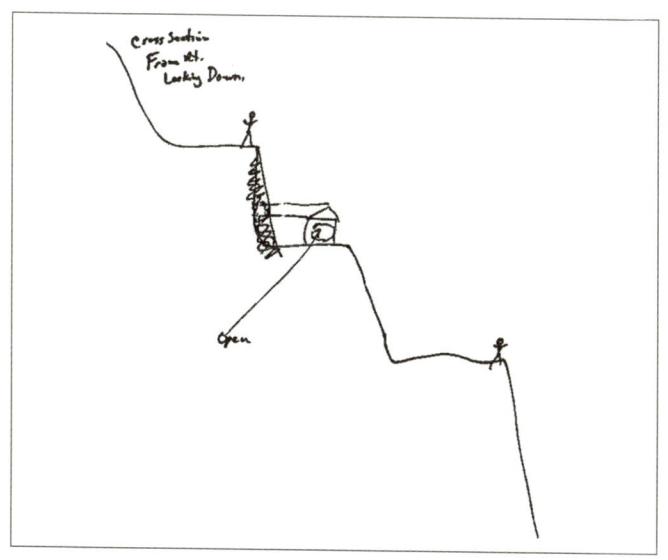

에드 베엘링의 스케치

방주를 보았다는 목격자들의 가능성

1) 방주를 보았다는 증인들 중 몇 명은 거짓말을 한 것으로 밝혀졌는데, 종교적인 신념을 가진 사람들을 속이려고 했던 것이라고 실토를 했다. 그러나 여기 인용한 대부분의 목격자들은 방주를 보았다는 그들의 증언들을 죽을 때까지 주장하였다. 목격자들의 상세한 이야기들 중 일부는 날조된 것으로 보기 어렵다. 에드 데이비스(Ed Davis)는 거짓말 탐지기 테

스트를 통과하였다.

2) 목격자들은 바위 형태들을 보고 오해 하였거나, 햇빛에 의해 변형된 아라랏산의 모습, 아호라 협곡 암석, 현무암의 돌출 등을 잘못 보고 착각한 것이었다. 일부 목격자들이 실제로 이런 착각을 하였으며, 특별히 비행기에서 보거나 멀리서 본 사람들이 잘못 본 것이 많았다. 그들 중 일부가 물체를 직접 만져 보았다거나 그 위를 걸었다거나 3층으로 되어 있는 방들과 동물 우리 등을 보았다고 주장한 것들이 모두 사실이라고 보기는 어렵다.

아마도 그들은 자신들이 증언한 물체들을 보았지만, 거기에 추측을 더한 것으로 생각된다. 이들이 본 것과 관련한 진짜 문제는 1952년 이래 탐험가들이 위에서 언급된 몇몇 물체들처럼 배라는 것을 부정할 수 없을 만큼 똑같은 바위 형상을 보지 못했다는 것이다.

3) 목격자들은 진실을 말하였고, 거기에 배가 있다는 것은 틀림이 없다. 그것을 만졌다거나 그 위를 걸었다는 사람들이 틀렸다고만 생각하기는 어렵다.

지금도 계속되는 방주탐험

우라르투 산맥의 최고봉인 아라랏산과 우라르투 왕국의 옛 성체. 아라랏산이 위치한 곳은 터키, 러시아, 이란 등의 접경 지역으로 지금도 쿠르드족으로 인한 분쟁이 심해 노아의 방주를 찾기 위한 탐험에 많은 어려움을 주고 있다.

아라랏산 주변(현재의 터키, 이란, 러시아)에 살던 부족들을 과거에는 아르메니아 사람들이라 불렀으며, 이들에게는 방주로 접근하는 사람에게 재앙을 내린다는 오랜 전설이 있어서 이 지역을 탐험하는 사람들을 막거나, 길 안내를 꺼리기 때문에 방주 탐험을 어렵게 한다. 또, 방주는 수천년 동안 산속에 묻혀 있어서 그 형태가 변해 배의 형태를 알아보기 어려울 수도 있고, 아라랏산 정상부근의 만년설에 완전히 묻힐 경우 찾아내기가 매우 어렵게 된다. 그럼에도 불구하고 방주 탐험은 현재도 계속되고 있다. 이는 고고학과 역사적으로 중대한, 아니 지구의 과거와 미래를 통틀어 가장 큰 사건의 증거를 찾는 탐험이다

부록 2

노아의 방주 모형 제작과정

 천안함 침몰 사건은 한국 사회에 큰 충격을 준 사건이다. 희생된 모든 분들과 그 가족들에게 하나님의 놀라운 위로와 은혜가 있기를 기도하면서, 대홍수 속에서도 침몰하지 않았던 노아의 방주처럼 우리의 가정과 사회가 어떤 위기 속에서도 무너지지 않는 공동체가 되기를 기원한다.

 정부에서는 북한에 경고의 메시지를 보내고, 더 튼튼한 천암함을 건조한다고 하는데, 국제성서박물관에서는 대홍수 속에서도 침몰하지 않았던 구원의 배인 노아의 방주 1/100 모형을 성경의 기록에 기초하여 제작을 하였다.

1. 외부공정

노아의 방주 모형의 길이는 150cm, 넓이는 25cm, 높이는 15cm로 제작하였다. 실제 크기의 약 1/100에 해당된다. 나무의 휘어짐이 발생하지 않도록 세밀하게 조립하였다. 창문은 지붕 위로 내고 방주의 옆으로 문을 내었다. 창문의 크기는 성경에 기록된 것보다 크게 제작하였다.

2. 내부공정

문은 방주의 옆으로 내도록 하였는데, 문을 통해서 보면 3층으로 된 방주 내부의 일부와 계단을 볼 수 있도록 하였다.

그리고 각 층은 칸들을 막아 동물들이 종류에 따라 서로 다른 방에 있도록 하고, 각 칸에는 문이 있어 사람들이 왕래하며 양식을 줄 수 있도록 하였다.

3. 도장

방주의 도장은 노아가 역청을 칠한 것과 같이 안팎으로 세밀하게 하였으며, 고풍스러우면서도 품격있는 모습을 가질 수 있도록 하였다. 역청은 1년여의 대홍수 기간 동안 심판의 물이 방주 안으로 들어오지 못하도록 막아주는 아주 중요한 역할을 하였다.

노아의 방주 모형에 있어서 도장도 중요한 역할을 하는데, 보는 이들로 하여금 사실감을 주면서 방주 모형이 변색되지 않은 채 오랫동안 보존될 수 있도록 세심한 주의를 기울였다.

4. 받침대

받침대는 노아의 방주를 올려놓는 것으로 정성을 다해 제작하였다. 받침대의 모양은 성막과 성전에서 거룩한 떡인 진설병을 올려놓는 떡상과 같은 이미지를 갖고 있으며, 다리는 영원한 언약의 증표인 무지개처럼 부드럽게 휘도록 하여 시각적인 아름다움과 함께 〈노아의 방주는 하나님의 약속 위에 서 있는 구원의 방주〉라는 메시지를 담도록 하였다.

노아의 방주 모형제작을 위해 애쓴 류제성 권사(좌)와 강오원 권사(우)

노아의 방주 모형은 현재 국제성서박물관에 전시되어 있다.

참고문헌

Brown, Walt. *In the Beginning: Compelling Evidence for Creation and the Flood*. The Lockman Foundation, 1977.

Corbin, B.J. *The Explorers of Ararat and the Search for Noah's Ark*. Long Beach: Great Commission Illustrated Books, 1999.

Gunkel, Herman. Genesis. G ttingen: Vandenhoeck & Ruprecht, 1977.

Haynes, Stephen R. *Noah's Curse: The Biblical Justification of American Slavery*. New York: Oxford University Press, 2002.

Levy, David M. *The Tabernacle: Shadows of the Messiah. Its Sacrifices, Services, and Priesthood*. Bellmawr: The Friends of Israel Gospel Mninistry, Inc., 1993.

Middleton, J. Richard. Is Creation Theology Inherently Conservative? A Dialogue with Walter Brueggemann, *The Harvard Theological Review* 87(1994): 257-277.

Moberly, R.W.L. Why Did Noah Send Out a Raven? *Vetus Testamentum L*, 3 G(2000):345-356.

Morris, Henry M. *The Genesis Record. A Scientific & Devotional Commentary on the Book of Beginnings*. Grand Rapids:

Baker Book House, 1976.

Morris, John D. *The Young Earth*. Green Forest: Master Book, 2003.

Noebel, David A. *Understanding the Times: The Religious Worldviews of Our Day and the Search for Truth*. Eugene: Harvest House Publishers, 1991.

Spuhler, James N. Anthropology, Evolution, and 'Scientific Creationism', *Annual Review of Anthropology* 14(1985): 103-133.

Turner, Laurence A. The Rainbow as the Sign of the Covenant in Genesis IX 11-13, *Vetus Testamentum* 43(1993): 119-124.

Westermann, Claus. *Genesis 1~11*. A Commentary. Minneapolis: Augsburg Publishing House, 1974.

Whitcomb, John C. and Morris, Henry M. *The Genesis Flood: The Biblical Record and Its Scientific Implications*. New Jersey: P&R Publishing, 2003.

웹사이트:

Center for Scientific Creation: Http://www.creationscience.com

ArcImaging Mount Ararat Research Expedition: Http://www.noahsarksearch.com

한국창조과학회 Http://www.KACR.or.kr